Klimaneutral
Verlag
ClimatePartner.com/53585-1805-1001

Selbstverpflichtung zum nachhaltigen Publizieren

Nicht nur publizistisch, sondern auch als Unternehmen setzt sich der oekom verlag konsequent für Nachhaltigkeit ein. Bei Ausstattung und Produktion der Publikationen orientieren wir uns an höchsten ökologischen Kriterien. Dieses Buch wurde auf 100 Prozent Recyclingpapier, zertifiziert mit dem FSC®-Siegel und dem Blauen Engel (RAL-UZ14), gedruckt. Auch für den Karton des Umschlags wurde ein Papier aus 100 Prozent Recyclingmaterial, das FSC®-ausgezeichnet ist, gewählt. Alle durch diese Publikation verursachten CO_2-Emissionen werden durch Investitionen in ein Gold-Standard-Projekt kompensiert. Die Mehrkosten hierfür trägt der Verlag. Mehr Informationen finden Sie unter: http://www.oekom.de/allgemeine-verlagsinformationen/nachhaltiger-verlag.html.

Bibliografische Information der Deutschen Nationalbibliothek:
Die Deutsche Nationalbibliothek verzeichnet diese Publikation
in der Deutschen Nationalbibliografie; detaillierte bibliografische
Daten sind im Internet über http://dnb.d-nb.de abrufbar.

© 2018 oekom verlag München
Gesellschaft für ökologische Kommunikation mbH
Waltherstraße 29, 80337 München

Lektorat: Konstantin Götschel, oekom verlag
Korrektorat: Maike Specht, Berlin

Umschlaggestaltung: www.buero-jorge-schmidt.de
Umschlagabbildung: © AVTG/iStockphot ·

Satz: Markus Miller, München
Druck: CPI Books GmbH, Leck

Das Glück besteht darin, in dem zu Maßlosigkeit neigenden Leben das rechte Maß zu finden.

Leonardo da Vinci

Inhalt

Vorwort

Der gegenwärtige verschwenderische, naturzerstörende Lebensstil in den entwickelten Industriegesellschaften geht unweigerlich seinem Ende entgegen. Dieses Ende kann in zweierlei Hinsicht eintreten: indem uns die Natur – vermutlich auf sehr schmerzhafte und verlustreiche Weise – die Grenzen aufzeigt oder indem der Mensch die Gefahren der gegenwärtigen Entwicklungen erkennt und zur Einsicht gelangt, dass er sich mäßigen muss. Die triviale Erkenntnis, dass die Wirtschaft auf einem Planeten mit begrenzten Ressourcen nicht unbegrenzt expandieren kann, hat uns der Club of Rome mit seinem Bericht über die »Grenzen des Wachstums« bereits vor über vier Jahrzehnten aufgezeigt. Für die Einsicht, dass ständiges Wachstum nicht möglich ist und dass der Mensch sich grundsätzlich immer, dem rechten Maß folgend, gegebenen Grenzen fügen muss, hätte es aber im Grunde keiner wissenschaftlichen Studie bedurft – hierfür hätte gründliches Nachdenken ausgereicht, wie uns die Philosophie der Mäßigung schon vor über 2500 Jahren gezeigt hat.

Obwohl die gegenwärtigen Krisen deutlich aufzeigen, dass der Mensch sich mäßigen muss, wurde die Philosophie der Mäßigung bisher kaum rezipiert. Stattdessen gab es eine Vielzahl unterschiedlicher Begriffe und Konzepte, die sich zwar an der Frage nach einem rechten Maß orientierten, dabei aber kaum die umfassenden philosophischen und religiösen Wurzeln der »Kardinaltugend« Mäßigung berücksichtigten. Der Begriff »Mäßigung« ist der philosophische Grundbegriff für Bemühungen im Kampf gegen das Immer-weiter, Immer-schneller, Immer-mehr, wurde aber im Diskurs der Postwachstumsgesellschaft bisher weitgehend gemieden. Im Nachhaltigkeitsdiskurs ersetzte man ihn durch den Begriff der Suffizienz. Man spricht von einem Genug, vom rechten Maß oder von Minimalismus. Ein Grund dafür, dass von Mäßigung selten die Rede ist, mag darin liegen, dass dieser Begriff in der deutschen Sprache negativ konnotiert ist. Die

Menschen reagieren zunächst relativ empfindlich auf den Begriff, weil sie eine Einschränkung ihrer Freiheit befürchten. Beim Lesen dieses Buches wird man hingegen erkennen, dass dies eine Fehlinterpretation ist, die auf zahlreichen Missverständnissen beruht. Um diesen Missverständnissen zu begegnen, müsste man zunächst die Frage stellen, ob die Menschen, die durch Mäßigung eine Einschränkung ihrer Freiheit fürchten, sich nicht in einem System weitgehender Unfreiheit bewegen. Wie weit besitzen die Menschen in kapitalistischen Industriegesellschaften überhaupt die Herrschaft über ihr eigenes Leben? Zahlreiche soziologische und philosophische Analysen weisen darauf hin, dass die Freiheit der Menschen stark beschränkt ist. Über sie herrscht eine anonyme Macht, die Bedürfnisse und weite Teile des Lebens steuert. Die wenigsten sind sich dieser Macht bewusst, und diejenigen, die sie zu erkennen glauben, sehen wenig Möglichkeiten, sich zu wehren.

Allerdings erkennen wir immer deutlicher, dass die Kultur der Industriegesellschaft die wichtigsten Zielsetzungen gemeinschaftlichen Zusammenlebens verfehlt: Sie ist weder zukunftsfähig, weil sie die eigenen Existenzgrundlagen zerstört, noch macht sie die Menschen zufrieden und glücklich, da sie sie überfordert. Diese Kultur und die in ihr lebenden Menschen verfehlen das rechte Maß. Die Bestimmung des rechten Maßes sollte aber das zentrale Ziel einer jeden Kultur sein, die die Zufriedenheit und das Glück der in ihr lebenden Menschen anstrebt. Und das rechte Maß muss auch das Ziel jedes Individuums sein, welches die eigene Zufriedenheit und das eigene Glück im Auge hat. Die philosophischen und religiösen Reflexionen über Mäßigung, die in diesem Buch vorgestellt werden, belegen den engen Zusammenhang zwischen der Bestimmung des rechten Maßes und einem harmonischen Leben. Aus eigener Erfahrung ist jedem Menschen bewusst, dass ein Übermaß, sei es beim Alkoholkonsum oder beim Essen, beim Umgang mit Zeit oder beim Einkaufen, auf Dauer zu körperlichem oder psychischem Leid führt. Leib und Seele können durch Übertreibung erkranken oder gar zugrunde gehen. Kulturen können durch Maßlosigkeit das gleiche Schicksal erleiden. Vor 2000 Jahren ruinierte sich das reiche Rom durch seinen Luxus und seinen Überfluss selbst. Heute stehen wir allerdings nicht nur vor dem Ende einer degenerierten Kultur, sondern vor der Zerstörung unserer Lebensgrundlagen. In dieser Situation kann die Philosophie der Mäßigung einzelnen Menschen wie ganzen Kulturen Anhaltspunkte für eine Umkehr liefern. Dabei zeigt die Rezeption dieser Philosophie gleichwohl, dass Mäßigung keinen Widerspruch zu Lebensfreude, Spaß und Lust darstellen muss. Vielmehr wird man feststellen, dass Mäßigung befreien und zu einem lustvollen Leben führen kann.

*

Seit über dreißig Jahren beschäftige ich mich mit Fragen der gesellschaftlichen Naturkrise. In dieser Zeitspanne hat sich im menschlichen Umgang mit der Natur nur wenig zum Besseren gewendet. Insbesondere das Wirtschaftswachstum als Ausdruck der Naturvergessenheit unserer Kultur konnte nicht gestoppt werden. Trotz ganz offensichtlicher Anzeichen des Klimawandels und des Artensterbens ist es den Industriegesellschaften noch nicht gelungen, innezuhalten und sich zu mäßigen.

In kritischer Absetzung vom Nachhaltigkeitsdiskurs fand ich den Ausdruck des »Naturgemäßen« im Hinblick auf die Lösung der gesellschaftlichen Naturkrise sinnvoller. In der Folge wurde ich immer wieder gefragt, wie man naturgemäß definieren oder womöglich berechnen könnte. Auf diese Frage konnte ich aber nie eine gänzlich befriedigende und abschließende Antwort geben. Auch wenn uns die Naturwissenschaft häufig ein Bewusstsein von der Berechenbarkeit der Natur vermitteln will, kann sie uns nicht mit Sicherheit sagen, zu welchem Zeitpunkt wir das Maß der Natur überschreiten. Schon im nächsten Jahr könnte durch die Bedrohung der Bienenpopulation beispielsweise eine dramatische Krise in der Welternährung eintreten; niemand kann das sicher ausschließen. Für eine genaue Erkenntnis des Umkippens des globalen ökologischen Gleichgewichts fehlt uns das Wissen. Aber wir spüren, dass wir uns dem Punkt der Übernutzung der Erde annähern.

Durch die Auseinandersetzung mit dem Problem, was der Ausdruck »naturgemäß« bedeutet, stieß ich auf die Philosophie der Mäßigung und setzte mich mit der Fragestellung auseinander, wie der Mensch das rechte Maß im Umgang mit der Natur bestimmen kann. Mäßigung spielte bereits in der antiken Philosophie wie in den Weltreligionen in unterschiedlichen Facetten eine wichtige Rolle. Die intensive Auseinandersetzung mit dieser Philosophie zeigte, dass die Überlegungen zur Mäßigung durchaus zu einem gelingenden individuellen Leben beitragen können. Gleichzeitig zielt diese Philosophie auch auf ein rechtes Maß bei der Bewältigung von moralischen, sozialen und poltischen Fragen. Die philosophischen und religiösen Gedanken können vielfältige Ansatzpunkte für eine fortschrittskranke Kultur wie die unsere liefern. Die Philosophie der Mäßigung ist umfassender und besitzt mehr Tiefe als die modernen Konzepte der Suffizienz oder die vielfältige Ratgeberliteratur zum Minimalismus, zum Aufräumen im Leben oder zur Entschleunigung. Diese philosophischen Überlegungen können uns ein alternatives Fortschrittsmodell für die Bewältigung der Krise unserer Zeit liefern.

Wir dürfen die Bestimmung eines rechten, zukunftsfähigen Maßes nicht der Eigendynamik einer anonymen (Wirtschafts-)Macht überlassen. Die folgenden Ausführungen sind daher sowohl als Anregung für den Einzelnen als auch für einen gesellschaftlichen Diskurs gedacht. Die Menschen müssen lernen, über Mäßigung in ihrem eigenen Leben zu reflektieren, und zugleich die Fähigkeit entwickeln, sich an einem gesellschaftlichen Diskurs zur Bestimmung eines rechten Maßes im Verhältnis von Mensch und Natur kritisch zu beteiligen.

Den Anstoß für dieses Buch gab letztlich eine Vorlesung an der Pädagogischen Hochschule Heidelberg im Sommersemester 2015. Als ich das Manuskript für diese Vorlesung meiner Familie zum Lesen gab, stand die Idee im Raum, hieraus eine Publikation zu machen. Die praktische Umsetzung dieser Idee hat nun drei Jahre gedauert, in denen ich viele anregende Gespräche mit Familienmitgliedern, Freunden, Kolleginnen und Kollegen geführt habe. Diese Gespräche waren für den Entstehungsprozess dieses Buches außerordentlich wichtig, da sie mich nicht nur zum Weiterdenken anregten, sondern auch zum Weitermachen motivierten. In diesem Zusammenhang möchte ich besonders meiner Kollegin Dr. Maja Maier danken, die das Manuskript durchgearbeitet und mir viele gute Ratschläge gegeben hat. Ebenfalls möchte ich meiner Mitarbeiterin Milena Krikava sowie Konstantin Götschel vom oekom verlag für die inhaltliche und formale Betreuung des Buchprojekts meinen Dank aussprechen. Und ich danke meiner Familie, die mir immer wieder mit interessanten Informationen und Gesprächen geholfen und mir darüber hinaus die Kraft gegeben hat, das Buchprojekt zum Ende zu führen.

Kapitel 1

Einleitung

Genug währt ewig.
Wendell Berry

An wenigen Beispielen lässt sich die gegenwärtige Maßlosigkeit unserer Kultur verdeutlichen: Die acht reichsten Menschen der Welt besitzen so viel wie die ärmere Hälfte der gesamten Weltbevölkerung (Oxfam 2017); die zehn bestbezahlten Manager in Deutschland verdienen im Jahr jeweils mehr als fünf Millionen Euro, das heißt, sie verfügen pro Tag über mehr als 13.000 Euro – gleichzeitig bekam ein Hartz-IV-Empfänger als Alleinstehender im Jahr 2017 pro Monat 409 Euro, das heißt, er verfügte pro Tag über ca. 13 Euro; vor rund 50 Jahren litten 400 Millionen Menschen an permanenter und chronischer Unterernährung (Ziegler 2005, 32) – bis heute hat sich die Zahl der Hungernden auf 800 Millionen verdoppelt (Statista 2017c); in Deutschland werden jedes Jahr rund 18 Millionen Tonnen Nahrungsmittel in den Müll geworfen (World Wide Fund for Nature 2017) – einem Mastschwein, das über 110 Kilogramm wiegen kann, steht in der konventionellen landwirtschaftlichen Tierhaltung ein Quadratmeter Bodenfläche zu (Niedersächsisches Landesamt 2017); im Zeitraum seit 1970 hat sich die Population untersuchter Wirbeltierarten weltweit mehr als halbiert und nimmt nach wie vor jährlich um zwei Prozent ab (World Wide Fund for Nature 2016).

Nahezu in jeder Beziehung hat die Menschheit das rechte Maß verloren und lebt mit unerhörten Widersprüchen. Maßlosigkeit gehört wesentlich zum Fortschrittsmythos unserer Kultur, das Streben nach immer mehr ist positiv besetzt. Nachrichten über eine stetig wachsende Wirtschaft werden gefeiert, während Krisen des Wachstums als regelrechte Katastrophen wahrgenommen werden.

Das größte Paradoxon der Moderne scheint darin zu bestehen, dass es sich der Mensch seit dem Aufkommen der Aufklärung Ende des 17. Jahrhunderts zum Ziel gesetzt hat, die Natur möglichst vollkommen zu beherrschen, dabei aber die Kontrolle über die eigenen Lebensgrundlagen zu verlieren droht. Am Beginn der Neuzeit stellte der italienische Philosoph und Naturforscher Galileo Galilei (1564–1642) eine für unser heutiges Fortschrittsverständnis weitreichende Forderung auf: »Man muss messen, was messbar ist, und messbar machen, was es nicht ist.« (Galilei in Hackenesch 1984, 43) Dieser Aufforderung ist man alsbald nahezu blind gefolgt und hat zunächst eine gigantische Macht über Naturzusammenhänge gewonnen. Nach 300 Jahren der Anwendung dieses Prinzips läuft die Menschheit jedoch zunehmend Gefahr, das wichtigste Maß, nämlich das ihrer eigenen Existenzgrundlagen, zu verfehlen. Wir scheinen an dem endgültigen Triumph dessen zu scheitern, was Edmund Husserl (1859–1938) als die »Mathematisierung der Natur« beschrieben hat (Husserl 1954). Am Beginn der Neuzeit standen ein neues Denken und ein sich wandelndes menschliches Selbstbewusstsein, welches sich aus den Fesseln des scholastischen Mittelalters befreite und sich selbst zum Gott und Herrscher über die Welt machte: »Der Himmel liegt in uns selbst« – mit diesem Kernsatz hatte Giordano Bruno, der berühmte italienische Priester, Dichter, Philosoph und Astronom, bereits im 16. Jahrhundert den geistesgeschichtlichen Wandel auf den Punkt gebracht. Bruno war davon überzeugt, dass das »Buch der Natur« nicht ein Gott geschrieben habe, sondern dass es vielmehr allein menschliche Erkenntnis verlange, um entziffert zu werden. Der Mensch müsse lernen, die Zeichen der Natur zu verstehen. Kepler, Galilei und viele andere neuzeitliche Denker waren der Auffassung, das Buch der Natur sei in der Sprache der Mathematik geschrieben. Dieses Denken erweist sich allerdings zunehmend als sehr problematisch.

In einer gänzlich mathematisierten Welt, der wir uns immer mehr annähern, ist allein das wahr, was quantifiziert und in Zahlen ausgedrückt werden kann. Es agieren in dieser Welt nur noch der »homo oeconomicus« und sein Zwillingsbruder, der informatisierte, durch

Wissenselemente in Form gebrachte Mensch (vgl. Gorz 1998, 127). Beide stricken an einem Fortschrittsmythos, dessen Konsequenz der Menschheit zunehmend zum Verhängnis zu werden droht. Unzählige Naturkatastrophen spiegeln dem menschlichen Wirken, dass das gegenwärtige wissenschaftliche und ökonomische Verständnis von Natur und von den der Natur innewohnenden Zusammenhängen dem tatsächlichen Wesen und den immanenten Maßen von Natur nicht gerecht werden. Das große Problem besteht darin, dass der Mensch in der Bezwingung der Natur *zu* erfolgreich geworden ist und es für den Erhalt seiner Existenzgrundlagen *kein berechenbares Maß* gibt. Ein solches Maß müsste die Menschheit immer wieder neu erfinden, es sozusagen erspüren, es in einem kommunikativen gesellschaftlichen Diskurs entwickeln und es sich in Form einer Wertorientierung individuell und gesellschaftlich selbst auferlegen. Diese Aufgabe stellt menschheitsgeschichtlich wahrscheinlich eine größere Herausforderung dar als der Übergang vom Mittelalter zur Neuzeit; denn der Mensch muss erkennen, dass er nicht »das Maß aller Dinge ist«, und was noch herausfordernder erscheint: Er muss diese Erkenntnis auch in ein entsprechendes Handeln umsetzen.

Die Menschen in den entwickelten Konsumkulturen wissen mittlerweile, dass sie sich um der Erhaltung ihrer natürlichen Lebensgrundlagen willen beschränken müssen. Aber nicht nur im Hinblick auf die ökologische Krise gewinnt eine solche Beschränkung an Bedeutung; vielmehr spüren die Menschen immer deutlicher, dass das Streben nach mehr auch sie selbst nicht unbedingt glücklicher und zufriedener macht. Nicht nur die äußere Natur wird durch diese Kultur zerstört, auch immer mehr Menschen leiden psychisch unter dieser Entwicklung.

Seit über 2500 Jahren gibt es philosophische Überlegungen über die Suche nach einem rechten Maß als wichtigem Fundament menschlichen Lebensglücks. Bereits in der Antike dachten Philosophen darüber nach, ob Menschen in ihrem Verhalten gegenüber sich selbst, ihren Mitmenschen und der Natur nicht nach Harmonie streben sollten. Die Ergebnisse dieses Nachdenkens bündeln sich im Ausdruck der »Mäßigung«. Mäßigung wurde in den Anfängen der Philosophiegeschichte als Kardinaltugend bezeichnet. Das Wort »Kardinal« kennen wir heute meist nur noch als Bezeichnung für einen kirchlichen Würdenträger. In seiner Bedeutung hat es jedoch einen viel tieferen Sinn: Vom lateinischen Wort *cardo* abgeleitet, bedeutet es so viel wie »Türangel« oder »Drehpunkt«. Übersetzt in unseren Kontext, steht es dafür, dass Mäßigung sozusagen ein lebenswichtiger Angelpunkt menschlichen Lebens sein sollte.

Seit der Antike hat die *Philosophie der Mäßigung* eine Karriere als lebensphilosophisches Konzept gemacht. Zu allen Zeiten, in allen Weltreligionen und in vielen nicht religiösen Philosophien wurde Mäßigung thematisiert und als Rezept für ein geglücktes Leben gepriesen. Angesichts der heutigen Krise, in der es nicht nur um ein gelingendes menschliches Leben, sondern um das Überleben der Menschheit insgesamt geht, müsste Mäßigung eigentlich das Konzept schlechthin werden. Und in der Tat gibt es überall – in den Geistes- und Sozialwissenschaften wie in der Alltagskultur – Konzepte, Überlegungen und Angebote für ein gemäßigtes Leben. Viele Menschen, die in der Wachstums- und Konsumgesellschaft aufgewachsen sind, haben mittlerweile das Gefühl, dass allein die Anhäufung von materiellen Gütern und Reichtum dem menschlichen Leben kaum Erfüllung zu geben vermag, sondern vielmehr zunehmend unsere natürlichen Lebensgrundlagen zerstört.

Die Menschen suchen nach einer Orientierung, die sie aus dem Hamsterrad der Konsumgesellschaft herausführt. Die jahrtausendealte Philosophie der Mäßigung könnte in dieser Situation ein altes und zugleich hochaktuelles Denkangebot liefern. Denn das Nachdenken über diese alte Weisheit[1] rückt angesichts der Folgen unseres exzessiven Lebensstils immer mehr ins Zentrum gesellschaftlicher Auseinandersetzungen. Der bereits erwähnte Bericht des Club of

---

1 Der Begriff »Mäßigung« wird hier und in den folgenden Ausführungen immer wieder synonym mit zahlreichen Begrifflichkeiten verwendet, die mit einer Einschränkung verbunden sind, Begriffen wie Genügsamkeit, Be- oder Einschränkung, Askese, Enthaltsamkeit, Bescheidenheit, Zurückhaltung, (Selbst-)Begrenzung oder Verzicht. Dieses geschieht wohlwissend, dass jeder dieser Begriffe auch eigene Nuancen im Feld der Mäßigung zum Ausdruck bringt.

Rome zeigte, dass es in einer begrenzten Welt kein grenzenloses Wachstum geben kann, und verwies damit auf die Tatsache, dass sich insbesondere die Bevölkerungen der Industrieländer beschränken müssen, sofern auch künftige Generationen und die Menschen in den »Entwicklungsländern«[2] noch eine Chance auf ein menschenwürdiges (Über-)Leben erhalten sollen.

Trotz der Erkenntnis, dass es ohne Mäßigung keine Zukunft gibt, konzentrieren sich die bestimmenden politischen und ökonomischen Kräfte unserer Kultur nach wie vor und weitgehend unreflektiert auf das Wachstumsziel. Jeder Rückgang des Wirtschaftswachstums wird von Politik, Wirtschaft und Medien als Rückschlag und Verlust an Lebensqualität betrachtet. Dabei wissen mittlerweile alle Verantwortlichen, dass das Gegenteil zutrifft: Das ständige Wachstum von Produktion und Konsum führt die Menschheit zunehmend in Krisen und Katastrophen. Mäßigung ist keineswegs mehr ein Rezept weltfremder Religionen und Philosophien für ein glückliches Leben, sie wird zunehmend ein Imperativ für die Zukunft dieser Welt. Obwohl diese Erkenntnis in zahlreiche politische Programme und Deklarationen auf nationaler und internationaler Ebene Eingang gefunden hat, ist es bisher nicht gelungen, entsprechend zu handeln. Im Gegenteil: Das weltweite Sozialprodukt ist in den letzten Jahrzehnten stark gestiegen. Allein in den vergangenen zehn Jahren ist das weltweite Bruttoinlandsprodukt, das den globalen Gesamtwert aller Waren und Dienstleistungen beschreibt, um fast 20 Billionen US-Dollar gestiegen, von 58,05 Billionen US-Dollar auf 77,99 Billionen US-Dollar (Statista 2017a). Aktuell stellen Wirtschaftsexperten fest, dass das Wachstum der Welt weiter an Tempo zugelegt hat (Zschaber 2017). Bei diesen Entwicklungen gewinnt man den Eindruck, die Menschheit befinde sich in einem Endspurt hin zum eigenen Untergang.

---

2 Der Ausdruck »Entwicklungsland« ist eigentlich unangemessen, denn er betrachtet den ökonomischen, technischen und sozialen Stand der Industrieländer als Maßstab für die Entwicklung der ärmeren Länder. Dieser Maßstab wird hier jedoch kritisch betrachtet, und man ist sich mittlerweile wohl einig, dass eine solche Entwicklung kaum noch als globales Vorbild dienen kann.

Wenn in diesem Buch über die Tugend der Mäßigung reflektiert wird, so soll auch betont werden, dass sich die moralische Forderung zunächst gegen die Maßlosigkeit der Verhältnisse richtet. Es kann und soll hier nicht darum gehen, Menschen durch Moralpredigten ein schlechtes Gewissen zu machen, nur weil sie sich einmal etwas offensichtlich Überflüssiges geleistet haben. Aber spätestens, wenn man von Überflüssigem im wahrsten Sinne des Wortes überschwemmt wird, wenn die Bewältigung des Überflusses an Konsumgütern unser Lebensglück mehr bedroht als ihm dient, spätestens dann sollte es für jede und jeden an der Zeit sein, sich über die Philosophie der Mäßigung Gedanken zu machen.

Diese Untersuchung beschäftigt sich aus verschiedenen Perspektiven mit den Widersprüchen unserer gegenwärtigen Situation: Warum gelingt es den Industrieländern und ihren Bürgern – trotz der Einsicht in die kritische globale Lage sowie in die eigenen existenziellen Widersprüche – nicht, sich zu mäßigen? Welche Umstände und welche Widerstände sind entscheidend dafür, dass wir uns nicht beschränken können? Ist der Mensch überhaupt in der Lage, sich zu beschränken, und wenn ja, unter welchen Bedingungen? Was dachten die antiken Philosophen über Mäßigung? Wie wird heute über die Forderung nach Mäßigung diskutiert und gestritten? Wie könnte man die Einsicht fördern, dass Mäßigung notwendig ist, wenn die Menschen gleichzeitig permanent von der Aufforderung zu mehr Konsum umgeben sind? Wie erfolgversprechend ist eine Erziehung zur Mäßigung in einer Kultur der Verschwendung? Kann Erziehung die Menschen überhaupt zur Mäßigung befähigen? Oder wäre die Folge dann ein Zurück zu einer moralisierenden Pädagogik des erhobenen Zeigefingers? Diese und viele weitere Fragen sollen in diesem Buch untersucht werden. Dabei mögen die Ausführungen den Leser zum Nachdenken über den eigenen Lebensstil und über seine Entwürfe für ein glücklicheres Leben anregen.

Bei der Reflexion über Mäßigung gelangt man selbstverständlich oft zu der Frage, wie man es selbst mit dieser Tugend hält. Gelingt es jemandem, der sich ausführlich mit diesem Thema beschäftigt hat, sich vorbildlich zu verhalten? Meine Antwort lautet: nein. Auch mir fällt es schwer, mich in allen Lebenslagen zu beschränken. Der griechische Philosoph Seneca (4 v. Chr. – 65 n. Chr.) hat das Dilemma des Verhältnisses von kritischen Überlegungen und einer eigenen vorbildlichen Praxis sehr treffend zum Ausdruck gebracht und dabei beschrieben, wie er mit dieser Widersprüchlichkeit von Theorie und Praxis umgegangen ist:

> »Von der Tugend rede ich, nicht von mir, und wenn ich die Laster schmähe, so schmähe ich an erster Stelle die meinigen. Sobald ich die Kraft dazu erlangt habe, werde ich leben, wie es sich gehört. Und eure in Gift getauchte Bosheit soll mich nicht abschrecken von dem unbedingt Guten; selbst das Gift, mit dem ihr andere bespritzt, euch selbst aber tötet, soll mich nicht abhalten, ohne Unterlaß ein Leben zu preisen, nicht wie ich es führe, sondern wie es nach meiner festen Überzeugung geführt werden muss, soll mich nicht abhalten, die Tugend anzubeten und in weitestem Abstand mich mühselig ihr nachzuschleppen.« (Seneca 1993, Bd. 1, 28 f.)

Wie Seneca mache ich mir also viele Gedanken über die Tugend der Mäßigung und entwickele Leitlinien für ein mäßiges Leben, führe aber selbst ein keineswegs asketisches. Vielmehr begebe auch ich mich immer wieder neu auf die Suche nach dem rechten Maß im eigenen Leben.

Kapitel 2

Phänomene der Maßlosigkeit

Über 18 Mio. Tonnen Nahrungsmittel
landen in Deutschland pro Jahr im Müll.
World Wide Fund for Nature 2017

Zahlreiche Ansätze, unsere Kultur zu erklären, gehen davon aus, dass sie nach den Grundsätzen »weiter, schneller, mehr« funktioniert. Soziologen und Ökonomen sprechen von der »Konsum-« oder »Überflussgesellschaft« (Gailbraith 1958). Kritisch wird diese Gesellschaft auch als »Wegwerfgesellschaft« bezeichnet. Dieser Ausdruck beschreibt eine gesellschaftliche Mentalität, die durch schnelles Konsumieren und einen verschwenderischen Umgang mit Gütern und Ressourcen geprägt ist. Die Wegwerfgesellschaft tendiert dazu, Gebrauchsgüter, die eigentlich für eine längerfristige Nutzung bestimmt sind, durch Einwegprodukte oder durch eine künstliche Verkürzung ihrer Lebensdauer (geplante Obsoleszenz) möglichst schnell zu ersetzen. Mit der Bezeichnung »Erlebnisgesellschaft« (Schulze 2005) wird eine weitere Beschleunigung dieser Entwicklung umschrieben. In der Erlebnisgesellschaft sind Produkte nicht mehr ausschließlich Träger eines instrumentellen Nutzens, sondern werden vielmehr mit Bedeutungen aufgeladen und sollen für die Menschen eine symbolische Funktion erfüllen.

In Wegwerfgesellschaften werden der sorgsame Umgang und das Instandhalten der Güter zugunsten ihres möglichst schnellen Ersatzes vernachlässigt. Der heutige Mensch, so schrieb der Technikphilosoph Günther Anders (1902–1992), sehe in der Welt als Ganzer »nur Material« und zwinge sich lieber neue Bedürfnisse auf, als Seiendes intakt und unverwendet zu lassen. Der Mensch will »die ganze Welt verarbeiten, verwandeln, ›fertig machen‹« (Anders 1985, 186). Sein Ziel sei es, die Produktion und den Konsum immer mehr zu steigern und das Wirtschaftswachstum zu beschleunigen.[3]

Die privaten Konsumausgaben stiegen in Deutschland im Jahr 2016 auf 1,68 Billionen Euro und erreichten damit wieder einmal einen Rekord. Noch 1991 lagen diese Ausgaben bei 890 Milliarden Euro und sind seitdem ständig gestiegen (Statista 2017b). Shoppen ist für viele Menschen eine ihrer beliebtesten Freizeitaktivitäten. Aber was dabei gekauft wird, gelangt immer schneller wieder in den Müll. Im Jahr 2013 häufte die Menschheit weltweit jeden Tag 3,5 Millionen Tonnen Abfall an – und es wird stetig mehr. Wenn sich daran nichts ändert, wird sich die tägliche Menge bis zum Jahr 2025 verdoppelt haben (Zeit Online 2013).

Mit dem Phänomen der Wegwerfgesellschaft hängt der Trend zusammen, dass Abläufe in vielerlei Hinsicht beschleunigt werden (Rosa 2014). Beschleunigung erweist sich zunehmend als ein kulturelles Grundphänomen und trägt entscheidend dazu bei, dass die Menschen in weiten Bereichen des individuellen und gesellschaftlichen Lebens kein rechtes Maß finden. Im Umgang mit der uns zur Verfügung stehenden Zeit zeichnet sich Maßlosigkeit ab. Die Erwartung der Menschen, möglichst viel in einer bestimmten Zeit zu erreichen, zu erleben und zu bewirken, führt zu einer Überfrachtung der Zeit mit zu vielen Aktivitäten. Auch in der Arbeitswelt zeigen sich solche Beschleunigungsprozesse sehr deutlich. Prekäre Arbeitsverhältnisse wie Zeitarbeit, Just-in time-Arbeiterschaft und die Modularisierung von Arbeit und Produktion zeugen davon, wie das Leben der Menschen durchbrochen, sozusagen aufgelöst wird. Gleichzeitig steigen die Arbeitszeiten, und bei den Menschen nimmt das Gefühl der Überarbeitung zu. Laut einer Studie der Bundespsychotherapeutenkammer war beispielsweise die Anzahl der Krankschreibungen aufgrund eines Burn-out (Z73 im ICD-10-GM) im Zeitraum zwischen

---

3 Am Beispiel der Automobilindustrie lässt sich das immer wieder besonders deutlich belegen. Beispielsweise wurden in Deutschland 2016 so viele neue Autos verkauft wie in den sieben Jahren zuvor nicht mehr: 3,35 Millionen Neuwagen. Mit einem Plus von knapp fünf Prozent wuchs der deutsche Automarkt zum dritten Mal in Folge (vgl. Focus 2017).

2004 und 2012 um 700 Prozent, die Anzahl der betrieblichen Fehltage sogar um fast 1400 Prozent gestiegen (vgl. Bundespsychotherapeutenkammer 2012, 3). Es ist festzustellen, dass die vielfältigen Erwartungen, die an die Menschen gestellt werden, und die unzähligen Alternativen, die ihm zur Verfügung stehen, ihn zunehmend überfordern. In einer solchen Kultur wird der Mensch das Lebensziel von innerer Ausgeglichenheit, Zufriedenheit und Glück verfehlen.

Hartmut Rosa stellt eine Veränderung unserer Beziehung zu Raum und Zeit als eine durch die technische Beschleunigung verursachte Revolutionierung der Art und Weise fest, in der die Menschen in die Welt gestellt sind. Er nimmt durch die Beschleunigung des Transports ein verändertes menschliches Raumverhältnis, durch eine Beschleunigung der Kommunikation gewandelte menschliche Beziehungen sowie durch die Beschleunigung der Produktion eine verwandelte Beziehung zu den Dingen wahr. Diese drei Beschleunigungen hätten zugleich eine Veränderung unserer Beziehungen zur Zeit hervorgerufen (vgl. Rosa 2014, 170). Rosa zitiert in seiner Untersuchung den britischen Soziologen John Urry mit einer umfangreichen Liste von Formen der Vergleichzeitigung, aus der der Trend ersichtlich wird, dass immer mehr menschliche Handlungen und Wirkungen in Zeit und Raum gleichzeitig und beschleunigt erfolgen:

- »Informations- und kommunikationstechnische Veränderungen, die einen weltweit simultanen Austausch von und Zugriff auf Informationen und Ideen ermöglichen;
- (organisations-)technische Veränderungen, welche die Unterschiede zwischen Tag und Nacht, Werktagen und Wochenenden, Freizeit und Arbeit zum Verschwinden bringen;
- die wachsende Austauschbarkeit von Gütern, Orten und Bildern in einer ›Wegwerfgesellschaft‹;
- die zunehmende Flüchtigkeit und Vergänglichkeit von Moden, Gütern, Arbeitsprozessen, Ideen und Bildern;
- eine verschärfte ›Zeitweiligkeit‹ von Gütern, Jobs, Karrieren, Natur, Werten und Beziehungen;
- das oft grenzüberschreitende Überhandnehmen neuer Waren, flexibler Technologieformen und riesiger Müllberge;

- das Anwachsen befristeter Arbeitsverträge und einer ›just in time‹-Arbeiterschaft sowie die Tendenz, lange Aufgabenlisten anzufertigen;
- die Zunahme des weltweiten Nonstop-Handels mit Wertpapieren und Währungen;
- die wachsende ›Modularisierung‹ von Freizeit, Aus- und Weiterbildung und Arbeit;
- die extreme Zunahme der Verfügbarkeit von Gütern und Bräuchen unterschiedlichster Gesellschaften an jedem Ort der Welt;
- wachsende Scheidungsraten und andere Formen der Haushaltsauflösung;
- schwindendes intergenerationales Vertrauen und abnehmende intergenerationale Solidarität;
- das Gefühl eines (weltweit) zu hohen Lebenstempos, das in Widerspruch zu menschlichen Grunderfahrungen gerät;
- wachsende Volatilität des politischen Wahlverhaltens.« (Urry zit. n. Rosa 2014, 346 f.)

Diese Entwicklungen scheinen in eine Kultur zu führen, die Zygmunt Bauman als »liquid modernity«[4] (vgl. Bauman 2000) bezeichnete, eine Kultur also, in der sich alle Regeln, kulturellen Standards, Rituale, Werte und Normen, kurzum die gesamte Stabilität und Verlässlichkeit eines regulierten menschlichen Zusammenlebens, aufzulösen scheinen. Was hierbei letztlich verloren geht, ist das menschliche Vertrauen in die Verlässlichkeit der Mitmenschen und zukünftiger Entwicklungen. Dass im Zuge dieses Prozesses das rechte Maß für menschliches Leben und Zusammenleben verloren gegangen ist, liegt auf der Hand. In einer »verflüssigten« Kultur fällt es den Menschen immer schwerer, angemessene Entscheidungen über ihr Leben zu treffen, sich in bestimmten Situationen entsprechend ritualisierten Mustern zu verhalten oder auch der Angebotsflut an Gütern zu begegnen. Sie stehen permanent unter Entscheidungsdruck: Sie müssen unter der Vielzahl der Handlungsoptionen und Produkte die für

---

4 Dieser Ausdruck wird ins Deutsche oft mit »flüchtiger« oder auch »flüssiger« Moderne übersetzt.

sich richtigen auswählen. Der andauernde Zwang zur Wahl setzt sie unter Dauerstress, und es erscheint zweifelhaft, dass die Menschen unter den Bedingungen einer verflüssigten Kultur glücklich werden können. Viele Menschen fühlen sich nicht mehr in der Lage, innezuhalten und zu verarbeiten, was vor sich geht.

»*Die kannibalische Dynamik der Konsumgesellschaft spiegelt sich in der individuellen Psyche. Wie die hoch entwickelten Gesellschaften bis zu sechsmal mehr Energie und Rohstoffe verbrauchen, als sich auf dem Planeten regenerieren können, so wächst auch in den Konsumgesellschaften die seelische Erschöpfung und nimmt bedrohliche Formen an. Die Depression wird zur häufigsten Ursache der Unfähigkeit, am gesellschaftlichen Leben teilzunehmen.*« (Schmidbauer 2017, 13)*

Ein gründliches Reflektieren über die Gründe und Motive dessen, was man tut oder was man konsumiert, wird unter solchen psychischen Belastungen noch zusätzlich erschwert. Das Thema Mäßigung gewinnt in diesen Kontexten an Bedeutung.

Paradoxerweise scheint es aber zur Beschleunigungskultur zu passen, dass man für die Forderung nach Mäßigung heute neue Begriffe benötigt, weil die Philosophie der Mäßigung dieser Kultur als »verstaubt« (Sachs) und unmodern erscheint. Im aktuellen Nachhaltigkeitsdiskurs konnte sich der Ausdruck »Mäßigung« bisher kaum durchsetzen. Es wurde der neue Begriff der Suffizienz geprägt, der zunächst im Fachpublikum mehr Aufmerksamkeit hervorrief, der Kulturindustrie ein neues Publikationsfeld erschloss, aber letztlich kaum andere Sachverhalte kritisierte oder neue Alternativen anbot, als sie sich aus einem gründlichen Studium der Philosophie der Mäßigung ergeben hätten; denn hier wie dort steht die Frage im Zentrum, wie wir zwischen einem Zuviel und einem Zuwenig sowohl in gesellschaftspolitischer Hinsicht als auch im individuellen Leben das rechte Maß finden. In beiden Theorien richtet sich die Kritik auf das Leiden der Menschen an der Maßlosigkeit, ihrem Verlust an Orientierung im Leben und ihrem Bedürfnis nach immer mehr Zerstreuung, um den Schmerz über den Verlust an der Sinnhaftigkeit ihres Daseins nicht spüren zu müssen. Im Suffizienzgedanken wie in der Philosophie der Mäßigung geht es um die Suche nach Harmonie und Glück.

Ein Alltagsbeispiel soll die Schwierigkeiten, die wir mit der Suche nach dem rechten Maß haben, veranschaulichen. In einem Internetforum stellt eine junge Frau folgendes Problem zur Diskussion:

> »Hey ihr Lieben, ja, ab und an (z. B. heute, wo ich wieder shoppen war …) frage ich mich, ob ich eigentlich (zu) viele Klamotten besitze. Also habe ich mal kurz durchgezählt, was eigentlich ziemlich schnell ging.
> Grober Überblick: Shirts: 39; Hosen: 8; Röcke: 13; Kleider: 17; Pullis: 20; Leggings: 7; Hemden: 5; sonstige Oberteile (Westen, Cardigans etc. …): 27; Jacken: 10; Schuhe 26.
> So ungefähr … ich finde, dass sich das eigentlich gar nicht nach so viel anhört, was mich erst mal beruhigt hat.
> Aber ich frag mal euch: Viel, viel zu viel? Was habt ihr so im Schrank hängen?« (Kleiderkreisel 2013)

In diesem Beitrag über das Maß an notwendiger Bekleidung sind viele Aspekte der Problemstellung zum Thema Mäßigung und den damit verbundenen Problemen enthalten.[5] Schon der Anlass des Beitrags ist für diese Untersuchung interessant: Die junge Frau fragt sich »ab und an«, ob sie zu viele »Klamotten« besitze. Besonders kommt sie ins Nachdenken, wenn sie sich gerade wieder neue Sachen gekauft hat, also nach dem Shoppen. Man gewinnt den Eindruck, dass sie zunächst ein schlechtes Gewissen hat. Die Antwort auf die Frage, warum sie ein schlechtes Gewissen haben könnte oder unsicher in ihrer Entscheidung ist, bleibt ungeklärt. Nach ihrer Kleiderschrankinventur kommt sie zunächst zu der Erkenntnis, dass sich ihr Kleiderbestand wohl doch in Grenzen halte, und erscheint beruhigt. Doch etwas verunsichert fragt sie die Community nach ihrem Urteil: »Viel,

---

5 Die Fragen, wie viel und zu welchem Zweck Menschen Bekleidung benötigen, wird im Verlauf dieser Untersuchung immer wieder exemplarisch zur Verdeutlichung der angestellten Überlegungen aufgegriffen.

viel zu viel?« Sie bekundet damit, dass ihr ein Maßstab für ihren Kleiderbestand fehlt. Die zwei zentralen Fragen – warum sie überhaupt in Zweifel gerät, ob sie zu viele »Klamotten« im Schrank hat, und anhand welcher Kriterien man eventuell bestimmen könnte, ob man zu viel Bekleidung hat – reflektiert sie nicht.

Dieses Beispiel verdeutlicht die Unsicherheit der Menschen bei der (moralischen) Beurteilung ihres Besitzes. Vermutlich können sich die meisten Menschen mit der jungen Frau sehr gut identifizieren. Es stellt sich die Frage, ob wir nicht alle viel zu viel Bekleidung im Schrank hängen haben. Und natürlich geht es nicht nur um Bekleidung: Der Durchschnittseuropäer besitzt etwa 10.000 Gegenstände (Bigalke 2011). Den meisten Menschen in den Konsumgesellschaften wird zunehmend bewusst, dass mit der Zunahme der Gegenstände keineswegs Glück und Zufriedenheit steigen, sondern dass mit dem Besitz zugleich auch Belastungen und der Stress anwachsen; denn die vielen Dinge, die man besitzt, »wollen ausgewählt, eingekauft, hingestellt, gebraucht, erlebt, gepflegt, aufgeräumt, entstaubt, repariert, verstaut und entsorgt sein; auch die schönsten und wertvollsten Gegenstände nagen unvermeidlich an der beschränktesten aller Ressourcen: der Zeit.« (BUND/Misereor 1997, 223) Weniger Besitz bedeutet auch weniger Arbeit für diese Tätigkeiten und damit mehr freie Zeit. Dennoch streben die Menschen nach immer mehr. So hatte etwa jeder Deutsche 1938 nur acht Kilogramm Textilien verbraucht, 1993 waren es hingegen schon 23 Kilogramm (Kruse 1995). Warum kaufen wir immer wieder neue oder andere Kleidung, obwohl die alte oft noch tadellos ihre Funktion erfüllt? Und warum setzt sich dieses Streben nach dem Mehr fort, obwohl die Menschen mittlerweile hinreichend darüber informiert sind, dass die Produktion der Güter die Natur zerstört und ihr Konsum für soziales Elend in vielen Teilen der Welt verantwortlich ist?

Aus dieser Problemstellung ergeben sich insbesondere zwei zentrale Fragen zum Thema Mäßigung: Warum gelingt es den Menschen nicht, sich zu mäßigen, obwohl sie wissen, dass der Überfluss sie nicht glücklicher macht und es gleichzeitig immer offensichtlicher wird, zu welchen ökologischen Problemen ein verschwenderischer Lebensstil führt? Und: Können Bildungsprozesse an diesem Problem etwas ändern?

Viele Menschen reflektieren ihr Verhalten im Hinblick auf ethische Maßstäbe und bemerken die Widersprüche in ihren Handlungen. Nur wenigen gelingt es jedoch, die Widersprüche zwischen ethischen Ansprüchen und tatsächlichem Handeln gänzlich aufzulösen. Die Konsequenz der Feststellung, dass die meisten Menschen diesen Ausgleich nicht herstellen können, sollte jedoch nicht darin bestehen, dass sie ihre ethischen Maßstäbe so weit herunterschrauben, bis diese mit ihrem Verhalten übereinstimmen. Vielmehr sollte es immer das Ziel des Menschen sein, die Differenz zwischen ethischem Anspruch und eigenem Handeln durch eine Veränderung des eigenen Verhaltens zu verringern. Die meisten Menschen wissen beispielsweise, dass sie zu viele Kleidungsstücke im Schrank hängen haben; sie wissen auch, dass die Herstellung von Bekleidung oft mit großen sozialen und ökologischen Problemen verbunden ist; und sie wissen, dass sie eigentlich keine weitere Kleidung benötigen. Und trotzdem »gönnen« sie sich den Kauf eines weiteren Kleidungsstücks, beschenken sich mit dem Gefühl, Besitzer eines neuen Kleides oder einer neuen Hose zu sein. Wir wissen oder sollten zumindest wissen, dass wir uns sehr häufig in solche Widersprüche begeben. Ziel der Forderung nach einem moralischen Leben kann es nicht sein, in unserem Alltagshandeln frei von Widersprüchen zu werden. Eine solche Forderung würde den Menschen überfordern. Es geht lediglich darum, ihr Leben selbstbestimmt so einzurichten, dass es eigenen ethischen Vorstellungen entspricht und die Zufriedenheit fördert. Auf diesem Weg sollte sich der Mensch nicht überfordern, indem er die ethischen Maßstäbe zu hoch ansetzt und womöglich sein Lebensglück durch das ständige Bemühen nach Vortrefflichkeit verfehlt.

Eine zentrale Rolle erhält hierbei die Bildung; denn trotz unzähliger Appelle zur Mäßigung und der Forderung nach einer nachhaltigen Entwicklung ist es bislang weder den Gesellschaften insgesamt noch einer größeren Zahl von Individuen gelungen, sich zu beschränken und ein nachhaltiges Verhältnis zur Natur zu entwickeln. Das Thema Mäßigung soll in den nachfolgenden Kapiteln aus drei unterschiedlichen Perspektiven beleuchtet werden: Zunächst stellen sich die Fragen, warum wir uns mäßigen sollten und warum wir individuell wie gesellschaftlich mit dieser Zielsetzung große Probleme haben. In einem zweiten Abschnitt sollen verschiedene philosophische und religiöse Denkansätze zur Frage nach der Funktion von Mäßigung für ein gelingendes Leben und auch für die Lösung der ökologischen Probleme unserer Zeit vorgestellt werden. Abschließend soll die Frage untersucht werden, ob und wie Bildungsprozesse die Menschen bei der Suche nach dem rechten Maß unterstützen können.

Kapitel 3

Warum müssen wir uns mäßigen?

Oh, du Ausgeburt der Hölle! Soll das ganze Haus ersaufen?
Seh ich über jede Schwelle doch schon Wasserströme laufen.

Johann Wolfgang von Goethe

Mäßigung wird oft als eine unangenehme Forderung nach Einschränkung angesehen. Die Menschen können oder wollen nicht einsehen, dass sie sich beschränken sollten. Und in der Tat ist die Forderung nach Mäßigung nur schwer nachvollziehbar und noch schwieriger umzusetzen, wenn die überwiegende Mehrheit der Gesellschaft nach immer mehr strebt. Darüber hinaus widersprechen die Botschaften der Werbung, mit denen wir täglich konfrontiert werden, der Forderung nach Mäßigung: »Gönn Dir etwas!«, »Genieße mit …!« oder »Wohnst Du noch oder lebst Du schon?«. Der Spaß und die Freude am Leben beginnt erst mit Konsum, einem Streben nach immer mehr, suggerieren sie. Den so geprägten Menschen ist kaum zu vermitteln, warum sie sich mäßigen sollen; denn der Nachbar mäßigt sich nicht, und die Führungselite, die vielleicht als Vorbild dienen könnte, hält sich ebenfalls nicht zurück. Und letztlich ist doch der eigene Beitrag zur Rettung der Welt so gering und fällt kaum ins Gewicht. Warum müssen wir uns also mäßigen?

Diese Sicht und ihre Argumente gegen Mäßigung sind aber bei genauerer Betrachtung nur zum Teil richtig. Es muss heute wohl kaum noch bewiesen werden, dass sich die Menschen in den Industriegesellschaften einschränken müssen, um die Zerstörung der natürlichen Lebensgrundlagen aufzuhalten beziehungsweise abzuwenden. Dabei können sie sich entweder vorausschauend einschränken, oder ihnen wird durch die Entwicklung zwangsläufig eine Beschränkung abgefordert werden. Wahrscheinlich werden die zwangsläufigen, etwa durch Naturkatastrophen hervorgerufenen Einschränkungen die Menschen mehr schmerzen. Die freiwillige Mäßigung wäre sicher die bessere Wahl. Ob eine solche – wie häufig behauptet wird – zwangsläufig mit einem Verlust an Lebensqualität einhergeht, ist zweifelhaft. Schon heute kann man erkennen, dass mit dem Streben nach mehr und der Beschleunigung vieler Prozesse nicht allein eine Zerstörung der Naturressourcen, sondern gleichzeitig auch ein Verlust von psychischen und physischen Reserven der Individuen verbunden ist. Immer mehr Menschen leiden am Fortschrittsversprechen der modernen Industriegesellschaften. Dieser Fortschritt führt anscheinend nicht allein in eine ökologische, sondern gleichzeitig in eine sozialpsychologische Katastrophe.

Die Suche nach Antworten auf die Frage, warum wir uns mäßigen müssen, erfolgt aus der Makroperspektive globaler Entwicklungen und aus der Mikroperspektive der Zerstörungen individuellen Lebens. Zahlreiche Krisen und Katastrophen als Folgen unserer Maßlosigkeit sind bereits eingetreten oder zumindest absehbar. Den meisten Menschen sind die Krisensymptome der Zerstörung unserer natürlichen Lebensgrundlagen bereits bekannt. Von ihnen wird nahezu täglich in den Medien berichtet. Die globalen Probleme der Maßlosigkeit belegen, wie dringlich die Forderung nach Mäßigung ist, um weitere Zerstörungen an den natürlichen Lebensgrundlagen zu vermeiden.

Auch die soziale Bilanz des industriegesellschaftlichen Fortschritts fällt negativ aus. Trotz der nie da gewesenen Produktflut in einer Multioptionsgesellschaft haben Zufriedenheit und Glück der Menschen in den Industriegesellschaften in den vergangenen vier Jahrzehnten immer mehr abgenommen. Der verschärfte Konkurrenzwettbewerb und das ständige Streben nach dem Schneller, Höher, Weiter führt nicht zu mehr Glück, sondern zu einer Zunahme von Krankheiten wie Stress, Depressionen, Burn-outs, Abstiegsängsten und Drogenabhängigkeiten.

3.1 Globale Probleme der Maßlosigkeit

Angesichts des Klimawandels konnten uns Meteorologen in den vergangenen Jahren immer wieder Rekordmeldungen liefern. In 2017 hieß es:»Nass, nasser, am nassesten. Den Superlativ von Nass musste Deutschland im Juli dieses Jahres ertragen. Es hörte kaum noch auf zu regnen. Und das war keine Einbildung, sondern ein meteorologischer Fakt.« (Koch 2017) Im Brandenburgischen Neuruppin kamen in einem Monat ganze 162 Liter Regen je Quadratmeter vom Himmel, was im Vergleich zur durchschnittlichen Regenmenge seit 1981 einer Steigerung um 300 Prozent entsprach.

Der deutsche Dichterfürst Johann Wolfgang von Goethe (1749–1832) mahnte bereits in seinem Werk »Der Zauberlehrling« (Goethe 1797/1996) die Menschen zur Mäßigung. In dem Gedicht kritisiert er ihre Neigung, alles zu tun, was in ihren Möglichkeiten steht. Zugleich weist er auf die Gefahr hin, dass der Mensch die »Geister, die er rief«, nicht wieder loswird und infolge seines Übermuts unterzugehen droht. Der Aktualitätsbezug seiner Mahnung wird angesichts der klimatischen Veränderung überdeutlich, wenn es heißt: »Oh, du Ausgeburt der Hölle! Soll das ganze Haus ersaufen? Seh ich über jede Schwelle doch schon Wasserströme laufen.« (Ebd., 67 f.) Goethe hatte offensichtlich schon eine Vorstellung, wohin der technische Fortschritt und das menschliche Wachstumsstreben führen können.

Es gibt viele globale ökologische Probleme, welche die Menschen in den entwickelten Industrienationen zum Nachdenken über eine Umkehr drängen sollten. Das kapitalistische Wirtschaftssystem hat sich so weit fortentwickelt, dass mittlerweile in vielen Bereichen die negativen Wirkungen seine positiven überwiegen. Der vermeintliche Fortschritt in den Industriegesellschaften stößt zunehmend an seine Grenzen. Das Bruttosozialprodukt ist mittlerweile kein sinnvoller und angemessener Maßstab mehr für die Steigerung des Wohlstands und des Glücks von Gesellschaften. »Die Annahme, das Glück der Menschen lasse sich mehren, indem man alle Aufmerksamkeit auf einen einzigen Messwert, das Bruttosozialprodukt, konzentriert, ist ein großer Irrtum.« (Bauman 2009, 19) Erhard Eppler hat schon in den 1970er-Jahren in einer Auflistung die Widersprüchlichkeit des Strebens nach immer mehr aufgezeigt:

- »immer breitere Straßen für immer mehr Autos
- immer größere Kraftwerke für immer mehr Energiekonsum
- immer aufwendigere Verpackung für immer fragwürdigere Konsumgüter
- immer größere Flughäfen für immer schnellere Flugzeuge
- immer mehr Pestizide für immer reichere Ernten« (Eppler 1972, 56).

Er bezweifelte, dass dieses Streben gut sei für die Menschen, da es zugleich mit negativen Entwicklungen verbunden sei:

- »immer schlechtere Luft
- immer widerlichere Schutthalden
- immer unerträglicherer Lärm
- immer weniger sauberes Wasser
- immer gereiztere Menschen
- immer mehr Giftstoffe in den Organismen
- und immer mehr Tote auf den Straßen« (ebd.).

Epplers Gegenüberstellung verdeutlicht, dass die Menschen mit den vermeintlichen Vorzügen technischer Errungenschaften gravierende Nachteile in Kauf nehmen müssen. Es mag zwar nicht genau festzulegen sein, wie ein rechtes Maß an Entwicklung aussehen soll; denn die Frage, was wachsen soll und was nicht, lässt sich nicht eindeutig quantifizieren. Aber wir können mittlerweile schon deutlich erkennen, dass der gegenwärtige Maßstab für den sogenannten Fortschritt, das Streben nach mehr Wachstum, kaum eine Garantie für die Steigerung der Zufriedenheit und des Glücks der Menschen ist. Dafür benötigen wir alternative Kriterien. Mäßigung im Sinne der Bestimmung eines rechten Maßes ist ein ethisches Ziel, das besser geeignet erscheint, Maßstäbe für eine entsprechende Denk- und Lebenskultur zu entwickeln.

Es ist eine allgemeine Erkenntnis, dass die Menschen auf einem Planeten mit beschränkten Ressourcen nicht ständig mehr verbrauchen können; denn ihre Ausbeutung und Umformung stößt nicht nur mengenmäßig an Grenzen, sondern bringt immer mehr unkalkulierbare Risiken und Gefahren mit sich. Immer häufiger geht es in Nachrichten um Krisen und Katastrophen, die uns das Streben nach dem Mehr bereitet. Die Produktion kann nur auf einer bestimmten Höhe gehalten oder gesteigert werden, solange genügend Rohstoffe und Energien vorhanden sind. Erkennbare Grenzen werden offensichtlich, führt man sich vor Augen, dass beispielsweise für jeden US-amerikanischen Einwohner jährlich über zwanzig Tonnen Rohstoffe der Erde unter zum Teil großer Schädigung der natürlichen Umgebung entnommen und verarbeitet werden (vgl. Gruhl 1981, 161). Umweltschäden, die beispielsweise in Form des Klimawandels oder des Artensterbens auftreten und die Menschen schon seit geraumer Zeit beunruhigen, sind Symptome einer Entwicklung, deren eigentliche Ursache in den massiven und schnell anwachsenden Materialverschiebungen liegt. Die zunehmende Effizienz der Technik und das Streben nach permanentem Wachstum haben zu einer Veränderung der evolutionären Balance geführt. Bereits heute übersteigen die Dimensionen menschlich herbeigeführter Stoffverschiebungen in der Natur die der in der Geosphäre normalerweise ablaufenden Transformationsprozesse – sie sind teilweise bis zu zweihundertmal so groß. Vor der industriellen Revolution waren die Materialflüsse zwischen den Umweltreservoirs noch relativ ausgeglichen.

> »Vorräte an wichtigem biologischen Material in den Kompartimenten (Luft, Wasser, Erde, Sedimente) blieben im Durchschnitt relativ konstant, sieht man von den Schwankungen zwischen den Jahreszeiten ab. Industrielle und wirtschaftliche Aktivitäten des Menschen haben diese Materialflüsse nun aus dem Gleichgewicht gebracht, und die Reservoirs verändern sich schnell, gemessen am Tempo natürlicher geologischer Prozesse.« (Schmidt-Bleek 1994, 37)

Die Dynamik der Industriekultur hat dazu geführt, dass sich der künstlich vom Menschen erzeugte Fortschritt rund eine Million Mal schneller vollzieht als die Evolutionsgeschwindigkeit der Natur (vgl. Basler 1973, 17).

Die Folgen sind unübersehbar. Der World Wide Fund for Nature zieht in seinem »Living Planet Report« (World Wide Fund for Nature 2014) eine alarmierende Bilanz:

- Die Biodiversität nimmt ab, während die Nachfrage nach natürlichen Ressourcen weiter wächst.
- Untersuchte Bestände von Wirbeltierarten (Säugetieren, Vögeln, Fischen, Amphibien und Reptilien) haben sich innerhalb von vier Jahrzehnten mehr als halbiert und zeigen weiterhin eine durchschnittliche Abnahme um zwei Prozent pro Jahr.
- 1,5 Erden sind derzeit nötig, um den aktuellen globalen Ressourcenverbrauch zu decken.
- Die wachsende Erdbevölkerung und der große ökologische Fußabdruck vervielfachen den Druck auf die Ressourcen (vgl. World Wide Fund for Nature 2014, 4 ff.).

Zahlreiche Forderungen und Konzepte, die heute die Debatten über die Lösung der gesellschaftlichen Naturkrise bestimmen, fordern einen maßvollen Umgang mit den natürlichen Lebensgrundlagen. Die Wachstumszwänge, denen die Industriekultur offensichtlich unterliegt, stehen dabei im Zentrum der Kritik. Zur Lösung der ökologischen Krise fordern Wissenschaftler schon seit Langem die »Rückkehr zum menschlichen Maß« (Schumacher 1977), ein »Vorwärts zur Mäßigung« (Binswanger 2009) oder eine »Postwachstumsökonomie« (Paech 2013). Auch der seit nunmehr über 20 Jahren die Diskussionen zur Überwindung der Krise bestimmende Nachhaltigkeitsdiskurs sucht nach einem richtigen Maß des Naturverbrauchs. Die Forderung in diesem Diskurs lautet, die Menschen sollen so handeln, dass nachfolgenden Generationen ein würdiges (Über-)Leben möglich ist. Betrachtet man die Forschungsergebnisse, Konzepte und politischen Programme der vergangenen Jahrzehnte, so ist offensichtlich, dass sich die Menschen angesichts der ökologischen Krisensymptome beschränken und die Bildungsanstrengungen für eine nachhaltige Entwicklung das Ziel der Mäßigung verfolgen müssten.

Das gegenwärtige Wirtschaftssystem in den entwickelten Industriestaaten der Welt kann nur deshalb einigermaßen gut funktionieren, weil es auf die Außenwelt zugreift, sich als sogenannte Externalisierungsgesellschaft (Lessenich 2016) organisiert. Diese lagert Ausbeutung und Gewalt, Abfall und Naturzerstörung in andere Weltregionen aus, wo die Nutznießer dieser Kultur die Auswirkungen ihres Lebensstils kaum wahrnehmen und deshalb auch die Notwendigkeit zur Mäßigung (noch) nicht hinreichend zu spüren bekommen. Es ist kein Geheimnis, dass die Industriegesellschaften über ihre Verhältnisse leben. Für die moralische Rechtfertigung der ungerechten »terms of trade« legt man sich entsprechende Erklärungs- und Beruhigungsmuster zurecht: Man gibt den korrupten Führungen in den sogenannten Entwicklungsländern die Schuld daran, dass sich dort kein Wohlstand entwickelt, man beruhigt sein soziales Gewissen durch Spenden für die »Unterentwickelten« oder vertritt die Hypothese, dass der Wohlstand der Industriestaaten mittelfristig auch den Lebensstandard in den weniger entwickelten Regionen befördern werde (vgl. ebd. 2016).

Besonders im Hinblick auf die ökologische Krise kommt es aber darauf an, dass der Mensch das rechte Maß sucht und sich die Weltgemeinschaft entsprechende Maßstäbe setzt. Wie alle anderen Lebewesen kann der Mensch nicht ohne Auswirkungen auf seinen Lebensraum existieren; aber im Unterschied zu den anderen Lebewesen muss er über die Art und das Maß seiner Wirkungen immer wieder neu entscheiden. Sind Auswirkungen zu groß, hat dieses negative Wirkungen auf seinen eigenen natürlichen Lebensraum und kann seinen weiteren Entscheidungsspielraum erheblich einschränken. In der ökologischen Krise merken wir zunehmend: Die Natur ist nicht nur die Quelle unseres Lebens, sondern bestimmt auch unsere Grenzen. Die fehlende Anerkennung solcher Grenzen wird der Menschheit heute zur Gefahr.

Die Verschwendung in der Industriegesellschaft, der Warenluxus, die zunehmende Freizeit, die nicht zuletzt der Förderung des Konsums dient, die Vernichtung der Güter, die Planung von Verschleiß- und Wegwerfproduktion mit der Folge wachsender Müllberge, die Massenvernichtung durch Kriege überall auf der Welt, die zugleich die Wirtschaft anheizt – dies alles hat eine zunehmend destruktive Wirkung auf die natürlichen Lebensgrundlagen (vgl. Kesting 1975). Die mangelnde Anerkennung von Grenzen, so der amerikanische Essayist Wendell Berry, sei eine moderne Seuche und Grundlage des »industriellen Fortschritts« und des »wirtschaftlichen Wachstums«

(Berry 2000, 161 f.). Das praktische Ergebnis dieser Ignoranz ist »eine bedenkliche Unverhältnismäßigkeit zwischen den Dimensionen menschlichen Handelns und seinen natürlichen Grundlagen« (ebd.). Berry spricht hier zugleich die ökologische Problematik der Maßlosigkeit der gegenwärtigen Industrie- und Konsumkultur an.

Ökologie ist die Lehre von dem allen Naturprozessen innewohnenden Maß. Die Ökologie betrachtet Natur in Systemen, die immer auf die Entwicklung von Gleichgewichten zielen. Wenn einzelne Wirkfaktoren in einem Ökosystem aus dem Rahmen fallen, indem sie beispielsweise überhandnehmen, verändert sich das Ökosystem und kann dabei auch zusammenbrechen, also seine Funktion als Lebensraum für bestimmte Lebewesen verlieren. Zwischen Füchsen und Hasen bildet sich beispielsweise ein einfaches ökologisches Gleichgewicht. Wenn zu viele Füchse zu viele Hasen fressen, sinkt die Population der Hasen so stark, dass nicht genug Beute für alle Füchse vorhanden ist, wodurch wiederum deren Population sinkt und in der Folge die der Hasen wieder steigt usf. Zwischen der Population von Füchsen und Hasen stellt sich, sofern der Lebensraum nicht von außen gestört wird, ein ökologisches Gleichgewicht ein. Entscheidend für das Gedeihen der Füchse ist die Tragfähigkeit des Fuchshabitats, nicht die Tragfähigkeit des Fuchsmagens. Auch der Mensch ist von der ökologischen Erkenntnis nicht ausgenommen, dass ein Lebewesen nur im Rahmen und in den Grenzen seines Lebensraumes überleben kann. Die Menschheit, die den gesamten Globus als ihren Lebensraum betrachtet, wird zunehmend Mangel leiden, hungern oder möglicherweise sogar aussterben, wenn sie diesen überbeansprucht. Schon heute führt die Verschmutzung von Boden, Luft und Wasser durch Schadstoffe jedes Jahr zum vorzeitigen Tod von weltweit etwa neun Millionen Menschen (vgl. Zeit Online 2017).

Die »unterschiedslose Gerechtigkeit der Natur« gilt also auch für den Menschen. Wenn er die fundamentale Einsicht ignoriert, dass auch er sich den Grenzen und Maßstäben der Natur zu unterwerfen hat, dann gefährdet er seine existenziellen Grundlagen. Georg Picht hat in seinen Überlegungen zum Begriff des rechten Maßes ebenfalls auf die Gesetzmäßigkeiten der Ökologie hingewiesen und diese dabei als die »Erkenntnis der immanenten Maße der Natur« definiert (Picht 2001, 14). Jedes Ökosystem ruhe in einer Mannigfaltigkeit von Gleichgewichten zwischen Strukturen, Zuständen, Faktoren und Prozessen. Da jedes Gleichgewicht in der Spannung von Wirkung und Gegenwirkung schwebe, sei die Fügung (das heißt Harmonie) eines solchen Systems stets gegenstrebig. »Die Ordnung des Systems bindet Kräfte zusammen, die es zerstören, sobald eine von ihnen so stark wird, dass sie die tragenden Gleichgewichtsverhältnisse verschiebt; das System kann dann nicht wiederhergestellt werden.« (Ebd.) Auch das Leben der Menschen ist von dem Gesetz nicht ausgenommen, welches besagt, dass in der Natur nur das bestehen kann, was seine Ordnungen und Maße hat. Im Gegensatz zu dieser Erkenntnis haben die Menschen mithilfe der ihnen zur Verfügung stehenden technischen Möglichkeiten eigenständige Systeme innerhalb der Natur errichtet, »die weder in einem ihnen selbst immanenten Gleichgewicht ruhen noch mit den Gleichgewichten der Natur in Übereinstimmung gebracht werden können« (ebd., 15). In einer von der Ökonomie bestimmten wissenschaftlich-technischen Zivilisation hat die Menschheit das Augenmaß für alle notwendigen Gleichgewichtsverhältnisse verloren. Sie hat Prozesse entfesselt, die dieses irreversibel zerstören. Wir müssen uns heute wieder an die alte Weisheit erinnern, dass nichts in der Natur Bestand haben kann, das sich nicht innerhalb seiner spezifischen Maße hält, und dass Individuen, Gesellschaften und Imperien zugrunde gehen werden, wenn sie ihr Maß überschreiten (vgl. ebd.).

Die Bestimmung eines rechten Maßes stellt die Gesellschaften jedoch vor große Probleme. Bisher hat der Mensch sich oft an dem berühmten Satz des Protagoras orientiert, dass aller Dinge Maß der Mensch selbst sei; denn, so lautete die Argumentation, ein Jegliches erfassen wir nur, wie es uns innerhalb unserer Maße erscheint, und beurteilen es im Hinblick darauf, wozu wir es brauchen können. »Maßgebend für unser Auffassen des Wirklichen ist unsere Bedürftigkeit (›chreia‹). Deswegen erscheinen uns die ›Dinge‹ nicht als das Seiende, was sie von sich aus sind, sondern als ›chremata‹, als Gebrauchsdinge.« (Picht 2001, 19) In seiner Kulturtheorie zeige Protagoras, so

Picht, dass Bedürfnisse wie Perspektiven, unter denen die Menschen die Welt betrachten, je nach den herrschenden Bedingungen wechseln. Keine Kultur sei aber berechtigt, ihre eigenen Maße absolut zu setzen. »Wir können nur sagen, dass ohne Maße Kultur überhaupt nicht möglich ist.« (Ebd.) Diese ökologische Argumentation stellt in einem einzigen Gedankengang sowohl die Unentbehrlichkeit der Maße als auch die Unmöglichkeit, diese absolut zu erkennen, dar. Wir hätten heute zu lernen, so folgert Picht, dass die Befreiung aus einer bestimmten Ordnung der Maßverhältnisse, wie sie beispielsweise im Zuge der Aufklärung durch die Ersetzung der griechischen Proportionenlehre durch das physikalische Weltbild angelegt war, uns nicht von dem Gesetz entbindet, dass Leben nur in Maßen möglich sei: »Wir entdecken, dass die Maße der griechischen Proportionenlehre zwar ein bestimmtes Beispiel, aber nicht die einzige Möglichkeit für eine Ordnung der Maße sind. Tritt man aus ihrem Kosmos heraus, so wird man nicht in eine Sphäre der Maßlosigkeit, wohl aber wird man in einen uns noch unbekannten Raum versetzt.« (Ebd., 18) Deshalb müssen wir trotz der Unmöglichkeit, Maße absolut zu erkennen, wieder neu lernen, was »Maß« überhaupt bedeutet, und neue Maße suchen. In letzter Konsequenz ist der Mensch nicht so frei, wie er sich gegenwärtig wähnt.

3.2 Individuelle Folgen von Maßlosigkeit

Das Streben nach mehr stellt nicht allein für die gesellschaftliche Entwicklung und das Überleben der Menschheit eine Gefahr dar. Es bedroht auch zunehmend die Zufriedenheit und das Glück der Individuen. Viele Menschen sind bemüht, immer mehr Geld und Güter zu horten, und verbinden damit das Streben nach Macht, Freiheit, Anerkennung, Unabhängigkeit, Glück und Zufriedenheit. Geld und Güter sollen ihnen Sicherheit und Ansehen verleihen. Tatsächlich war es in der Menschheitsgeschichte von Vorteil, dass man Vorräte anlegt, um auch unvorhersehbare Notzeiten zu überstehen. Zu wenig Nahrung oder prekäre Wohnverhältnisse gefährdeten über lange Phasen der Evolution hinweg das Überleben der Menschen. Vermutlich hat die Menschheit deshalb immer nach einem Mehr gestrebt und jeden Zuwachs als Erfolg und Fortschritt betrachtet. Immer wieder mussten die Menschen in der Geschichte gegen den Mangel ankämpfen, der auch heute noch in vielen Teilen der Welt die Existenz von ganzen Bevölkerungen bedroht. Und auch das Ansehen derjenigen Menschen, die mehr besaßen als andere, war meistens höher. Oftmals waren es nur die natürlichen Lebensumstände, die die Menschen zur Beschränkung zwangen. So erscheint es paradox, dass unser Dasein heute eher dadurch gefährdet ist, dass ein Teil der Menschheit zu viel besitzt und verbraucht.

Eine große Angst vor Mangel und einer damit verbundenen Not scheint in den Menschen immer noch vorhanden zu sein und ihr Verhalten zu bestimmen. Deshalb ist in einer Zeit, in der kaum noch Mangel herrscht und selbst den Benachteiligten oft mehr als das Lebensnotwendige zur Verfügung steht, schwer zu vermitteln, dass man sich beschränken sollte. Selbstbeschränkung war zwar in vielen religiösen und philosophischen Überlegungen Ziel eines erfüllten Lebens, konnte sich aber kaum als eine gesellschaftlich anerkannte Norm durchsetzen. Auch fanden solche Menschen, die sich aus religiöser oder politischer Überzeugung heraus beschränkten, nur selten gesellschaftliche Anerkennung.

Die heutige Situation der Menschheit sieht allerdings anders aus: Eine Beschränkung sollte nicht mehr aus einem Mangel oder einer Notsituation heraus erfolgen, sondern aus der Einsicht, dass sich der Überfluss sowohl gesellschaftlich als auch für jeden Einzelnen als zunehmend kontraproduktiv erweist.

Lange Zeit war man davon ausgegangen, dass das Glück und die Freiheit des Menschen mit dem Angebot an Optionen, die ihm zur Verfügung stehen, steigt: Umso mehr Möglichkeiten der Mensch zur Auswahl hat, um ein Bedürfnis zu befriedigen, so lautete diese These, umso größer ist sein Freiheitsgrad bei der Entscheidung für eine Option und umso besser entspricht die Auswahl seinen individuellen Vorstellungen. Das Glücksversprechen, das mit dem Streben nach immer mehr verbunden schien, hat jedoch an Überzeugungskraft verloren. Zunehmend empfinden die Menschen in der Überflussgesellschaft eine »Qual der Wahl«. Sie leiden unter der Vielfalt der Optionen, dem Entscheidungsdruck und vielen anderen negativen Begleiterscheinungen des ständig wachsenden Konsums. Der amerikanische Psychologe Schwartz berichtete von seinen Erfahrungen beim Kauf einer Jeans (vgl. Schwartz 2006, 9 ff.). Als er einer Verkäuferin unterbreitete, er wolle eine »normale« Jeans kaufen, wurde er zunächst gefragt, ob es eine »Slim Fit«, »Easy Fit«, »Relaxed Fit« oder »Extra Baggy« sein solle. Weiterhin wurde er vor die Alternativen gestellt, ob die Hose »stonewashed«, »acidwashed« oder im »Used-Look« sein solle, sodann ob er eine mit Knöpfen oder Reißverschluss bevorzuge. Darüber hinaus standen noch die Optionen »gebleicht« und »normal« zur Auswahl. Sein Hinweis, er wolle eigentlich nur eine ganz normale Jeans kaufen, stieß bei der jungen Verkäuferin auf Unverständnis. Erst durch das Hinzuziehen eines älteren Verkäuferkollegen ließ sich das Kommunikationsproblem klären. Allerdings, so Schwartz, war er nun angesichts der vielen Wahlmöglichkeiten nicht mehr sicher, ob er tatsächlich mit einer »normalen« Jeans richtiglag. Er ließ sich von der Verkäuferin nun die Unterschiede der verschiedenen Hosen erläutern und probierte die Jeansvarianten aus. Die Jeans, die er schließlich kaufte, erwies sich letztlich als die passende Lösung, doch hatte sein Entscheidungsprozess für den Hosenkauf einen ganzen Tag in Anspruch genommen hatte; in früheren Zeiten sei das für ihn eine Angelegenheit von fünf Minuten gewesen.

Diese Erfahrung beim Jeanskauf macht exemplarisch deutlich, dass die Überflussgesellschaft mit ihren vielen Wahloptionen den Konsumenten zunehmend mehr Zeit für die richtige Auswahl abfordert. Zusätzlich hinterlässt sie aber einen grundsätzlich verunsicherten Menschen; denn mit der Wahl einer bestimmten Option hat man zahlreiche andere Optionen gewissermaßen abgewählt, von denen man aber kaum sicher sagen kann, ob sie nicht eventuell besser gewesen wären. Man spricht hier von den steigenden Opportunitätskosten durch die Vermehrung der Optionen: »Da er [der Konsument, T.V.] den Befriedigungswert eines wählbaren, aber nicht gewählten Konsumguts nicht kennt, muss er befürchten, die Alternative zu verpassen, die ihn am meisten befriedigt haben würde, hätte er sie gewählt.

Das kann zu einem mehr oder weniger bewussten Druck führen, ein gewähltes Konsumgut bereits zu einem Zeitpunkt durch eine Alternative zu ersetzen, bevor es überhaupt seinen Befriedigungswert entfalten konnte.« (Haubl 2009, 4) Die Qual durch die unzähligen Wahlmöglichkeiten nimmt mit der Anzahl der Alternativen zu.

Die Zunahme an Wahlmöglichkeiten hängt zugleich mit der Beschleunigung in der Konsumgesellschaft zusammen; mit ihnen gehen die Ängste einher, etwas zu verpassen. Das führt letztlich dazu, möglichst viel in einer Zeiteinheit zu erleben und zu konsumieren. Die hierdurch hervorgerufene zunehmende Beschleunigung im Alltagsleben der Menschen ist ebenfalls kontraproduktiv, wenn es um die Erlangung von Zufriedenheit und Glück geht, denn »Beschleunigung, gründlich genug betrieben, zeigt die missliche Tendenz, sich selber aufzuheben: Man kommt immer schneller dort an, wo man immer kürzer bleibt« (Sachs 2001, 3). Und diese Erkenntnis gilt nicht allein für die zunehmende Mobilität der Menschen und die damit verbundenen Optionen, in immer kürzeren Zeiteinheiten an vielen Orten zu sein und an immer mehr Ereignissen teilnehmen zu können, sondern eben auch für die Erweiterung der Erlebnisvielfalt durch zunehmend mehr Konsumgüter. Der moderne Mensch erscheint deshalb als ein von den Umständen gehetztes Wesen. Er nimmt seine Nahrung in Fast-Food-Restaurants ein, wird permanent von seinem Smartphone zum Überprüfen eingehender Mails angehalten, telefoniert in allen möglichen Lebenssituationen, ist Getriebener seines Terminkalenders, muss in jeglicher Beziehung »up to date« sein. Die Menschen versuchen, immer mehr Aktivitäten in der gleichen Zeit zu erledigen. Ihr Leben verliert in diesem Prozess zunehmend einen stabilen Rhythmus. Alles ist zu jeder Zeit möglich und wird praktiziert. Tage und Wochen, in früheren Zeiten noch von Ritualen, Traditionen, festen Mahlzeiten usw. geprägt, gibt es nicht mehr. In der Konsumgesellschaft isst der Mensch möglichst durchgängig 24 Stunden am Tag; er wird davon jedoch nicht satt, sondern eher krank.

Ebenso wie die äußere Natur angesichts des menschlichen Wachstumswahns zu kollabieren droht, erkranken immer mehr Menschen physisch und psychisch. Die Zahl der Menschen, die in dem System

unter Stress, Depression oder unter einem Burn-out-Syndrom leiden, steigt in den Industrieländern stetig; denn seelische Ressourcen
gehorchen den Gesetzen der Ökologie: »Sie regenerieren sich, wenn
wir sie mäßig ausbeuten. Wenn aber die Grenze zum Raubbau überschritten wird, kippt das System, schon minimale Belastungen überfordern es.« (Schmidbauer 2017, 25) Allein im Zeitraum zwischen
1991 und 2016 stieg die Verordnung von Antidepressiva von 197 auf
1467 Millionen Tagesdosen, was einer Steigerung von 745 Prozent
entspricht (vgl. Arzneimittelverordnungsreport 2016). Eine solche
Entwicklung mag auf verschiedene Ursachen zurückzuführen sein; in
jedem Fall macht sie deutlich, dass Menschen auf der Suche nach dem
rechten Maß für ihr Lebensglück ihr Ziel verfehlen.

Allgemein strebt jeder Mensch im Leben nach Zufriedenheit und
Glück. Die Philosophie bezeichnet dieses Ziel als das höchste Gut.
Lateinisch wird dieses höchste Gut »summum bonum« genannt und
als das »unbedingt Gewollte« übersetzt. Die inhaltliche Bestimmung
des höchsten Gutes fällt philosophisch je nach Sichtweise auf die Natur
des Menschen unterschiedlich aus. Es kann durch die Befriedigung
der Lust, aber auch durch das Streben nach Macht oder nach Freiheit
erreicht werden. Heutzutage gibt es auf die Frage nach dem höchsten
Gut allerdings eine recht einfache Antwort: Geld, und zwar möglichst
viel Geld, das sich ständig vermehrt. Mit Geld erhoffen sich nahezu
alle Menschen in kapitalistischen Systemen Glück und alle anderen
Dinge wie Macht, Freiheit sowie Zufriedenheit zu erkaufen. Dabei
verfehlen sie meistens jedoch das Ziel, glücklich zu werden. Studien
belegen, dass die Rechnung, durch permanente Einkommenssteige-
rung gleichzeitig auch das Glück der Menschen zu mehren, nicht
aufgeht. Länder, in denen das durchschnittliche Pro-Kopf-Jahresein-
kommen zwischen 20.000 und 35.000 Dollar beträgt, weisen, wie der
Soziologe Zygmunt Bauman festgestellt hat, »nur geringfügig höhere
Werte an Glück und Zufriedenheit auf als jene, in denen es unterhalb
der Schwelle von 10.000 Dollar liegt« (Bauman 2009, 11). Gleichzeitig
zeigen Länder mit einem hohen Wohlstandsniveau eine stark anstei-
gende Kriminalitätsquote. Steigende Zahlen von Wohnungseinbrü-
chen, Autodiebstählen, Drogenhandel, Bestechung und Korruption

vermitteln den Menschen ein dem Glück abträgliches Gefühl der Unsicherheit.

Worin besteht das Glücksversprechen des Geldes? Zunächst wohl in dem Glauben, dass man sich mit Geld fast alles erkaufen kann. Diese Überzeugung ist in einem kapitalistischen System nur schwer zu erschüttern; denn die meisten Güter, die man heute kauft, sind symbolisch stark aufgeladen. In der Überflussgesellschaft erwirbt man Güter nur noch selten wegen ihres Gebrauchswertes. Vielmehr werden die Produkte durch Werbung zunehmend mit einem Imaginations- und Inszenierungswert aufgeladen. Der Wert eines Anti-Aging-Produktes, so ein Beispiel aus der Sozialpsychologie, wird nicht daran gemessen, ob es das Altern tatsächlich hinauszögern oder gar verhindern kann, sondern daran, »ob es Konsumenten hilft, einen emotional stimulierenden Tagtraum über eine Welt anzuregen und in Gang zu halten, in dem die Zeit aufgehoben ist« (Haubl 2009, 7). Es entsteht eine sogenannte Erlebnisökonomie, in der die psychologische Funktion von Konsumgütern durch einen Zugriff auf die geheimen, womöglich sogar unbewussten Wünsche der Konsumentinnen und Konsumenten genutzt wird, um den Warenabsatz zu steigern (vgl. ebd.).

Die Ökonomen der Marktwirtschaft behaupten, dass die Bedürfnisse des Menschen grenzenlos seien. Tatsächlich arbeitet die Wirtschaft heutzutage aber kaum noch an der Befriedigung von materiellen Bedürfnissen, sondern bedient die Träume der Menschen. Die Produkte nehmen den Menschen Ängste, versprechen ihnen Selbstbewusstsein, Ruhe, Liebe, Macht oder Freiheit. Im Grunde werden dabei so ziemlich alle psychischen Regungen in positiv fördernder oder negativ hemmender Form bedient. Da jedoch die Güter nur symbolische Träger zur Befriedigung psychischer Regungen sind und ihre Versprechungen sozusagen virtuell erfüllen, kommt es bei den Menschen, die den Versprechungen der Produkte vertrauen, permanent zu Ent-Täuschungen. Das Streben nach immer mehr ist das Ergebnis falscher Glücksversprechen der Konzerne. Permanent unzufrieden und unglücklich, brauchen die Menschen – ähnlich einem Süchtigen – immer wieder neue Produkte, um ihr seelisches

Gleichgewicht herzustellen. Wenn man also Mäßigung als eine zentrale zukunftsweisende Tugend fördert, dann stärkt man nicht allein ein moralisches Leben im Hinblick auf eine nachhaltigere Entwicklung, sondern trägt auch dazu bei, dass die Menschen mehr über ihr Leben reflektieren.

Kapitel 4

Kann der Mensch sich mäßigen?

Natur ist glücklich. Doch in uns begegnen
sich zu viel Kräfte, die sich wirr bestreiten.
Rainer Maria Rilke

Schon in religiösen Schriften und in Mythen wurde die Maßlosigkeit des Menschen thematisiert. Die biblische Geschichte von Adam und Eva sowie die aus der griechischen Mythologie stammende Geschichte von der »Büchse der Pandora« zeichnen den Menschen als einen, der keine Grenzen anerkennt. In beiden Erzählungen zeigt sich der Mensch sogar in paradiesischen Verhältnissen unzufrieden und verlangt nach mehr. Er konsumiert mehr als nötig, wobei auch seine Neugier eine Rolle spielt.

In der griechischen Mythologie wird die Geschichte des phrygischen König Midas erzählt (vgl. Schwab 1975, 393 f.). Dieser wünschte sich von Dionysos, dem Gott der Fruchtbarkeit, dass alles, was er berühre, zu Gold werden möge. Der Wunsch wird dem König gewährt. Midas ist überglücklich, als er bemerkt, dass bei Berührung eines Steins dieser zu Gold wird. Allerdings verwandelten sich anschließend auch alle Nahrungsmittel, die Midas berührte, zu Gold, und er drohte zu verhungern. Es gelingt ihm jedoch schließlich, sich durch ein Bad im Fluss Paktolos von dem Fluch des Geschenks zu befreien. »Seit dieser Zeit hasste Midas allen Reichtum, verließ seinen prächtigen Palast und erging sich gern in Fluren und Wäldern, den ländlichen Gott Pan verehrend, dessen Lieblingsaufenthalt schattige Felsengrotten sind.« (Ebd. 393) Aus diesem Mythos ist zu schließen, dass die menschliche Gier, seine Maßlosigkeit ein universelles Phänomen zu sein scheint. Es gab und gibt sie in allen Epochen und Kulturen. Aber ist der Mensch dann überhaupt zur Mäßigung fähig?

4.1 (Evolutions-)Geschichtliche Sichtweisen

In seiner »Reminiszenz an den Überfluss« stellt Hans Magnus Enzensberger (1996) die rhetorische Frage, ob es sich heute überhaupt noch lohne, über die Frage zu diskutieren, wozu der Mensch eher neige – zur Mäßigung oder zum Luxus? Sei das Thema nicht längst erledigt und entschieden? Habe der Mensch in der Geschichte nicht schon immer nach Luxus gestrebt? War es ihm nicht schon immer ein Bedürfnis, einen verschwenderischen Lebensstil zu führen und einen Lebensstandard zu erreichen, der über das übliche Maß hinausgeht? Müssten die verschwenderischen Entwicklungen in Wirtschaft und Gesellschaft nicht zu der Frage führen, ob die Menschen überhaupt in der Lage sind, sich zu beschränken? Enzensberger erläutert die Geschichte des alten und neuen Luxus und zeigt auf, dass die Menschheitsgeschichte vom Streben nach dem Mehr, nach dem Überflüssigen und der Verschwendung durchzogen gewesen ist. Heute sei man offensichtlich an dem Punkt angelangt, an dem »der Luxus über seine Widersacher gesiegt« habe (ebd., 108). Sollte die Grundannahme zutreffen, dass der Mensch zur Maßlosigkeit neigt, dass das Streben nach Überfluss gar zu seiner anthropologischen Grundausstattung gehört, dann bräuchten wir uns über überquellende Kleiderschränke und allgemein über das menschliche Streben nach immer mehr und das »Nie-genug« keine Gedanken zu machen. Dann könnte der Mensch nichts dafür, dass er permanent nach Wachstum und Überfluss strebt. Appelle zur Mäßigung wären überflüssig, weil sie an der Natur des Menschen, an seinem angeborenen Wesen vorbeizielen würden. Erzieherische Einflussnahme wäre dann weitgehend sinnlos.

In der gesamten Menschheitsgeschichte lassen sich Entwicklungen zeigen, in denen der Mensch nach Überfluss, Luxus und Wachstum gestrebt hat. Selbst angesichts zunehmender ökologischer Krisen gelingt es den Menschen kaum, sich zu mäßigen. Deshalb muss die Frage untersucht werden, ob und inwieweit der Mensch überhaupt zur Mäßigung fähig ist; denn wenn man hier zu dem Ergebnis gelangte, dass er von seiner Natur her und grundsätzlich zur Maßlosigkeit neigt, dann wäre es weitaus schwieriger, ihn zu maßvollem Handeln zu bewegen. Andererseits könnte die Analyse, ob der Mensch zur Mäßigung fähig ist, Anhaltspunkte liefern, wie eine Erziehung gestaltet werden müsste, die Menschen in ihrem Streben nach Mäßigung fördert. Selbst wenn man die Frage kaum eindeutig beantworten kann, sie mag zumindest neue Perspektiven eröffnen, unter welchen Umständen und mithilfe welcher Ansätze die Entwicklung und Förderung von Mäßigung möglich wären.

Enzensberger stellt fest, dass der »Affekt gegen alles, was Luxus heißt«, zwar eine »lange und ehrwürdige Geschichte« habe, aber wohl letztlich erfolglos geblieben sei (Enzensberger 1996, 108). Sowohl in der Theorie wie in der Praxis hat sich das Streben nach dem Luxus immer wieder behauptet. Insbesondere Denker wie der Abbé Coyer, Montesquieu oder Sombart hätten gezeigt, dass der Überfluss und das Luxuriöse immer die Triebfedern menschlichen Fortschritts gewesen seien. Montesquieu meinte, ohne Luxus gehe es nicht: »Wenn die Reichen nicht reichlich ausgeben, werden die Armen Hungers sterben. [...] das Überflüssige ist eine höchst notwendige Sache.« (Montesquieu zit. n. Enzensberger 1996, 108) Im gleichen Atemzug verweist Enzensberger auf die Theorie des Ökonomen Werner Sombart, der die These vertrat, dass der Luxus erst den Kapitalismus gezeugt habe und nicht umgekehrt, wie es heute meist behauptet wird. Auf die theoretische Spitze hat es aber wohl der französische Philosoph Georges Bataille mit seiner Behauptung getrieben, dass »die Geschichte des Lebens auf der Erde vor allem die Wirkung eines wahnwitzigen Überschwangs« sei: »Das beherrschende Ereignis ist die Entwicklung des Luxus, die Erzeugung immer kostspieligerer Lebensformen.« (Bataille zit. n. Enzensberger 1996, 109) Enzensberger beschließt seine Analyse mit der Feststellung, dass es trotz aller Armut in der Geschichte »eine menschliche Gesellschaft, die ohne Luxus ausgekommen wäre, nie gegeben hat« (ebd., 109). Es sei sogar ein »puritanisches Missverständnis« gewesen, dass die Entfaltung von Pracht und Luxus nur dem Vergnügen der Mächtigen gedient» hätte (ebd., 112). Denn immer hätten zugleich die Armen an dem Schauspiel des Überflusses der Reichen teilgenommen und ihn sogar gestützt: »Ob es um den Wiener Opernball geht oder um eine Oscar-Verleihung, die Hochzeit eines Spitzensportlers oder die Restbestände der Monarchien, immer sieht eine gierige Menge durchs Schlüsselloch der Medien zu« (ebd., 112).

Aus unterschiedlichen wissenschaftlichen Perspektiven gibt es vielfältige Bedenken, ob der Mensch sich mäßigen kann. Entsprechend zeigen sich zahlreiche Überlegungen in der Anthropologie, der Philosophie, der Ökonomie, der Evolutionstheorie sowie der Psychologie gegenüber der Frage skeptisch, ob es der Menschheit gelingen kann, sich zu beschränken. Auch in verschiedenen Religionen und mythologischen Überlieferungen findet man skeptische Argumente zu dieser Fragestellung.

Evolutionstheoretisch ist es fraglich, ob der Mensch zur Mäßigung fähig ist. Die Evolution hat den Menschen nicht gerade dafür prädestiniert, sich mit dem Vorhandenen zu begnügen; denn jahrtausendelang mussten unsere Vorfahren in einer Welt des Mangels leben. Die Frage des Verzichts stellte sich unter prekären Überlebensbedingungen nicht. Das Anhäufen von Vorräten konnte angesichts permanent drohender Überlebenskrisen zur Überlebensfrage werden, Zurückhaltung und Beschränkung gehörten kaum zu den Eigenschaften, die Vorteile verschafften. Die Evolution hat den Menschen also eher zum Sammeln und zum Anlegen von möglichst großen Vorräten prädestiniert. Die Konsumgesellschaft macht sich die evolutionäre Neigung des Menschen zum Anlegen von Vorräten zunutze und überhäuft die Menschen mit Gütern, deren Menge und Vielfalt kaum noch zu bewältigen sind. Wenn es wahr sei, dass die Lust an der Verschwendung in der Triebstruktur des Menschen wurzelt, so stellt Enzensberger fest, könne das Streben nach Luxus nie ganz verschwinden. Dann bleibe lediglich die Frage, welche Gestalt dieser Luxus auf »der Flucht vor seinem eigenen Schatten annehmen wird« (Enzensberger 1996, 117). Dabei prophezeit er, dass sich der Luxus vom Überflüssigen verabschiede und zukünftig mehr nach dem Notwendigen streben werde: Zeit, Aufmerksamkeit, Raum, Ruhe, Umwelt und Sicherheit (vgl. ebd.).

4.2 Anthropologische Sichtweisen

In der philosophischen Anthropologie wird der Mensch zumeist als weltoffen beschrieben. Im Unterschied zum Tier ist er weder an Triebe noch an einen spezifischen Lebensraum gebunden. Er wird ohne vorbestimmte Verhaltensmuster geboren und muss Verhaltenssicherheit erst entwickeln. Der Philosoph und Anthropologe Max Scheler (1874–1928) stellte fest, der Mensch sei von organisch-triebhaften Zwängen entbunden. Aufgrund seiner Instinktreduktion nehme der Mensch in der Natur eine Sonderstellung ein. Er sei nicht an seine Umwelt gefesselt, sondern umweltfrei. »Der Mensch«, so Scheler, »ist das X, das sich in unbegrenztem Maße ›weltoffen‹ verhalten kann. Menschwerdung ist Erhebung zur Weltoffenheit kraft des Geistes.« (Scheler 1962, 40) Während das Tier den aus der Umwelt empfangenen Reizen unmittelbar unterworfen ist, ist der Mensch umweltenthoben und kann sich frei zu den Reizen verhalten. Zugleich ist der Mensch aber ein Mängelwesen: mittellos, unspezialisiert und deshalb gezwungen, sich selbst Orientierungs- und Sinnstrukturen zu schaffen. Deshalb begreift man den Menschen als ein kulturschaffendes Wesen, welches sich durch voraussehendes, geplantes und gemeinsames Handeln auszeichnet. Arnold Gehlen (1904–1976) bezeichnete den Menschen als das Produkt seiner eigenen Tätigkeit: Der Mensch sei Mängelwesen und Prometheus zugleich (vgl. Gehlen 1986, 46). Das Mängelwesen und das handelnde sowie kulturschaffende Wesen des Menschen seien zwei Seiten einer Medaille. Die physische Nichtfestgestelltheit des Menschen sei die notwendige Voraussetzung für Handeln und Kultur, der Mensch mithin von Natur aus ein Kulturwesen. Er kann sich allerdings dementsprechend auch auf keine Ordnung oder Weltanschauung stützen. Unsere Existenz, so beschrieb es Jean-Paul Sartre (1905–1980), entlastet uns nicht von der Notwendigkeit, uns unser Wesen erst durch unser Handeln zu schaffen; denn »der Mensch ist dazu verurteilt, frei zu sein.« (Sartre 2002, 155)

Weltoffenheit des Menschen bedeutet, dass ihm für sein Handeln keine Maßstäbe vorgegeben sind. An welchem Punkt muss er sich beschränken und verzichten, wie hoch darf er hinaus, wann muss er sich bescheiden, ohne Gefahr zu laufen, sich selbst zu schaden? Es gehört also nicht zum Wesen, aber durchaus zum Potenzial des Menschen, sich zu mäßigen. Seine Maßstäbe und Grenzen muss er sich selbst immer wieder neu setzen und kann an dieser Aufgabe scheitern, sie aber auch lösen. Heute scheint uns allerdings diese Freiheit zum Problem zu werden. Die freie Selbstbestimmung in Verbindung mit den technischen Möglichkeiten führt zunehmend zu einer Selbstbedrohung. Friedrich Rapp spricht von der »Destruktivität menschlicher Freiheit« (Rapp 2003) und formuliert ein Plädoyer gegen die Maßlosigkeit der modernen Welt. Er vermutet, dass der Mensch an der Unfähigkeit, sich Maßstäbe zu setzen und sich in Grenzen zu fügen, scheitern könnte; denn sein Wollen, Tun und Lassen stehe heute im Dienst eines maßlosen, hyperthrophen Freiheitsstrebens, »das seinerseits bestimmt ist von dem ins Grenzenlose gesteigerten Trieb zur Selbstbehauptung, zum Selbstgenuß und zur Selbsterhöhung, d. h. zur Steigerung und Erhöhung des Ich, das durch seine Hyperaktivität aber in Wirklichkeit gerade sein Leben verfehlt« (Rapp 2003, 128). Der Irrtum unserer Zeit besteht darin, »dass im Zuge der unreflektierten Gleichsetzung von unbegrenzter Freiheit und erfülltem Leben alle Festlegungen und Begrenzungen als freiheits- und lebensfeindlich gelten, während sie in Wirklichkeit gerade freiheits- und lebensermöglichend und deshalb schlechthin unverzichtbar sind« (ebd., 135).

Sozialanthropologen wie Ernest Becker erklären die Gier des Menschen mit dessen Angst vor dem Tod (vgl. Becker 1991). Der Mensch ist das einzige Wesen, das ein Bewusstsein für das eigene Sterben besitzt. Dieses Bewusstsein erzeugt eine große Angst; denn der Tod kann jederzeit und unvorhergesehen eintreten. Becker sagt, dass die Menschen der Todesangst durch Glaubenssysteme begegnen und Kulturen und Religionen erzeugen, um dem Gedanken an ihre Sterblichkeit etwas entgegenzusetzen. Aus Angst vor dem Tod und dem Streben nach Unsterblichkeit erkennen sie kein Genug an. Menschen sind einzigartig in ihrer Besessenheit, »nicht nur übermäßig zu konsumieren, sondern vor allem mehr zu besitzen als andere« (Solomon 2016). Sie streben nach immer mehr Dingen und Geld, weil sie ihnen das Gefühl geben, ewig leben zu können.

4.3 Ökonomische Sichtweisen

Die Anthropologie der klassischen Ökonomie geht ebenfalls davon aus, dass der Mensch sich nicht mäßigen kann, weil seine Bedürfnisse unbegrenzt sind. Jeder Mensch entwickelt eine Vielzahl von Begehren, die er zu befriedigen anstrebt und die immer weiter wachsen; es fehlen ihm grundsätzlich die Mittel, sie alle zu befriedigen. Ständig wachsende Bedürfnisse gehören zur Grundausstattung des »homo oeconomicus«. Sollte diese Grundannahme stimmen, müsste der Mensch, um seinen ständig wachsenden Bedürfnissen zu begegnen, ständiges Wachstum anstreben. Er würde unreflektiert seine Existenzgrundlagen zerstören. Ein Genug gäbe es für den Menschen nicht.

Der tschechische Ökonom Tomàš Sedláček stellt in seiner »Ökonomie von Gut und Böse« (Sedláček 2012) fest, dass das ständige Unzufriedensein des Menschen und das »Immer-mehr-wollen« ein Naturphänomen zu sein scheinen und zugleich das Herz unserer Zivilisation und unseres Menschseins bildeten (vgl. ebd. 273). Sedláček beobachtet, dass wir zwar die mit Abstand reichste Zivilisation aller Zeiten sind, von einem Genug oder von Zufriedenheit aber immer noch genauso weit entfernt wie in der fernen Vergangenheit (vgl. ebd., 271). Ursprünglich sei man überzeugt gewesen, dass Konsum zur Sättigung führe und unsere Bedürfnisse stille. Mittlerweile habe sich aber das Gegenteil herausgestellt: »Je mehr wir haben, desto mehr zusätzliche Dinge brauchen wir.« (Ebd., 285) Dies belegt auch ein aktueller Vergleich zwischen den Dingen, die wir beispielsweise vor etwa 20 Jahren *nicht* brauchten, uns heute jedoch unabdingbar scheinen – etwa Handys, Computer etc. (vgl. ebd., 285 f.).

Gegner der Grundannahme der klassischen Ökonomie von den unbegrenzten Bedürfnissen argumentieren, dass der Mensch ein ständig wachsendes Angebot lediglich deshalb benötige, weil seine Lebensbedingungen innerhalb des Gesellschaftssystems unbefriedigend sind. Die Menschen arbeiteten ständig in entfremdeten Verhältnissen, die ihnen ein hohes Maß an Selbstdisziplin abforderten. »Wir arbeiten manchmal in Jobs, die wir hassen, so hart für Dinge, die wir nicht brauchen, dass wir nicht einmal Zeit haben, sie selbst zu putzen.« (Keller 2015, 18) Der Ausgleich für dieses Arbeitsleid verlangt nach seelischer Kompensation, die im Kapitalismus durch einen unbändigen naturverzehrenden Konsum befriedigt werden soll, der wiederum für ein ständiges Wachstum sowie zur Profitsicherung und -steigerung der Industrie notwendig ist (vgl. Fetscher 1985, 221).

Unbefriedigende Arbeitsbedingungen und das Streben nach ständigem Wachstum von Produktion und Konsum bilden demnach einen Teufelskreis: »Um immer mehr Waren absetzen zu können, ist die sich ständig erneuernde Frustration durch die Arbeit und durch die rasche Entwertung der konsumierenden Luxusgüter äußerst nützlich. Die Logik einer Konsumenten-/Konkurrenz-Gesellschaft hat zur Folge, dass eine dauerhafte Befriedigung der Konsumbedürfnisse nie erreicht werden kann.« (Fetscher 1985, 221) Die Annahme von den unbegrenzten menschlichen Bedürfnissen scheint also nur in spezifischen gesellschaftlichen Verhältnissen gültig zu sein. In einer kapitalistischen Gesellschaft entstehen die Konsumbedürfnisse aus entfremdeten (Arbeits-)Verhältnissen, werden sozusagen künstlich erzeugt. Erich Fromm (1900–1980) stellte fest, der moderne Kapitalismus brauche Menschen, »die reibungslos und in großer Zahl zusammenarbeiten, die mehr und mehr konsumieren wollen, deren Geschmack jedoch standardisiert, leicht zu beeinflussen und vorauszusagen ist« (Fromm 1956, 116). Die hierbei zu beobachtende Maßlosigkeit der Menschen entspringt einer Unzufriedenheit in und durch die Verhältnisse. Das Konsumieren hat heute in den entwickelten Industriegesellschaften kaum noch etwas mit den wahren Bedürfnissen der Menschen zu tun. Es ist weit häufiger ein sozialer Akt, durch den sie sich eine Identität zu verschaffen suchen. Das Problem dabei ist, dass eine solche Identitätsbildung nicht nachhaltig ist – sie wird permanent durch Wirtschaftswerbung angegriffen und verunsichert. Sie verändert sich ständig und oft entsprechend der durch Marketing beeinflussten Erlebnisse und Erfahrungen.

4.4 Philosophische Sichtweisen

In einer philosophischen Studie zur Maßlosigkeit und zur Notwendigkeit des Unnötigen kommt Rainer Marten (2014) zu dem Ergebnis, dass das »Unmaß kapitalistischer Rücksichtslosigkeit [...] und des religiösen Anspruchs auf Wahrheit und lebenspraktische Verbindlichkeit« (Marten 2014, Klappentext) längst Anlass zur Sorge gibt und der Mensch hierdurch Schaden nimmt. Maßhalteappelle könnten gegen diese Mächte nichts ausrichten, denn Maßlosigkeit entspricht seiner Auffassung nach dem menschlichen Wesen. Somit vertritt Marten die Position, dass es ein aussichtsloses Unterfangen sei, die »dem Kapitalismus systemisch eigene Maßlosigkeit durch Klugheitsregeln zur Selbstaufgabe zu bringen« (ebd., 250), denn der kollektive Individualismus, »der in unseren Zeiten Motor der globalen, politökonomischen Deregulierung ist und damit im Prinzip alle erfasst, wird sich, solange er dominiert, nie einem Zwang zur Mäßigung beugen, in welcher Gestalt er auch immer ausgeübt werden mag – politisch, moralisch, religiös oder einfach durch die Verödung der Erde« (ebd.). Die Vergeblichkeit des Versuchs, der Maßlosigkeit des Menschen beizukommen, sieht Marten jedoch nicht in irgendeinem systemischen Kontext, sondern in der Grundanlage des Menschen, dessen Wesen der Mäßigung widerspreche. Das (menschliche) Leben brauche den Überschwang, und wo Mäßigung den Vorrang erhalte, komme eine Rationalität ins Spiel, die dem Leben das Freie nehme und den Menschen auf das »Unfrei-Nötige« (ebd., 254) verpflichte. Deshalb bestehe die Lösung des Problems ausschließlich in einer »Rhythmisierung der Maßlosigkeit« (ebd., 254).

Würde man der von Marten vertretenen Position zustimmen, müsste sich ein pädagogisches Programm zur Abwendung der ökologischen, sozialen und individuellen Folgen der Maßlosigkeit eher der »Bändigung« der menschlichen Maßlosigkeit zuwenden – man ginge also im Grundsatz davon aus, dass der Mensch zur Maßlosigkeit verdammt sei und zu lernen habe, sich in einen Rhythmus von Übermaß und Disziplinierung einzufügen. Es stellt sich aber bei genauerer Betrachtung die Frage, ob diese Sicht des Problems nicht zugleich in der Forderung nach einer Suche nach dem rechten Maß enthalten ist; denn man müsste die Menschen nicht zur Mäßigung erziehen, wenn diese Tugend ihrer natürlichen Veranlagung entspräche.

Immanuel Kant (1724–1804) war ebenfalls überzeugt, dass der Mensch zur Mäßigung eher unfähig sei. Er schrieb, es sei gegen die menschliche Natur, an irgendeinem Punkt mit der Anhäufung von Besitz aufzuhören: Denn des Menschen Natur sei »nicht von der Art, irgendwo im Besitze und Genusse aufzuhören und befriedigt zu werden« (Kant 1995, Bd. 4, 344). An anderer Stelle spricht Kant auch von einer »inneren Ungenügsamkeit« (ebd., 346) des Menschen. Die Funktion der Zerstreuung im menschlichen Leben war für ihn der zentrale Hinderungsgrund, sich über ein besseres Leben Gedanken zu machen.

> »Das einzige, was uns in unserem Elend tröstet, ist die Zerstreuung, und dabei ist sie die Spitze des Elends; denn sie ist es, die uns grundsätzlich hindert, über uns selbst nachzudenken, die uns unmerklich verkommen lässt. Sonst würden wir uns langweilen, und diese Langeweile würde uns antreiben, ein besseres Mittel zu suchen, um sie zu überwinden. Die Zerstreuungen aber vergnügen uns und geleiten uns unmerklich bis zum Tode.« (Kant zit. n. Gronemeyer 1998, 180)

Weil der Schmerz lediglich für eine kurze Zeitspanne durch den Konsum gedämpft oder abgelenkt wird, verlangt der Mensch immer wieder und ohne Beschränkung nach einem Mittel, um die Lust zu steigern und die Unlust zu vertreiben. Bedient sich zudem noch ein System wie der Kapitalismus, der auf permanent wachsenden Vertrieb von Gütern und Dienstleistungen angewiesen ist, dieser psychischen Veranlagung des Menschen, erscheint die Forderung nach Mäßigung unzeitgemäß. Weil Kant die Auffassung vertrat, dass der Mensch gemäß seiner Naturanlage kaum zur Mäßigung fähig sei, sah er allein die Erziehung und eine andere kulturelle Entwicklung als Optionen, der menschlichen Maßlosigkeit entgegenzuwirken.

4.5 Psychologische Sichtweisen

Auch der Psychologe Sigmund Freud war der Auffassung, dass der Mensch von seiner seelischen Veranlagung her zur Mäßigung nur schwerlich fähig sei. Er begründete diese These damit, dass das Leben, das dem Menschen auferlegt ist, zu schwer sei und ihm zu viele Schmerzen, Enttäuschungen und unlösbare Aufgaben bringe (Freud 1930/2000, 41). Als Ursachen des menschlichen Leids nennt Freud die »Übermacht der Natur, die Hinfälligkeit des eigenen Körpers und die Unzulänglichkeit der Einrichtungen, welche die Beziehungen der Menschen zueinander in Familie, Staat und Gesellschaft regeln« (ebd., 52). Um das Leben ertragen zu können, benötigen wir deshalb »Linderungsmittel«. Freud beschreibt drei Gruppen solcher: »Ablenkungen, die uns unser Elend geringschätzen lassen, Ersatzbefriedigungen, die es verringern, Rauschstoffe, die uns für dasselbe unempfindlich machen« (ebd.). Der einzige Lebenszweck des Menschen besteht nach Freud in einem »Programm des Lustprinzips«. Dieses Programm beherrsche den seelischen Apparat des Menschen von Anfang an. Allerdings widerstrebten alle Voraussetzungen diesem Ziel der Befriedigung der Lust, und »man möchte sagen, dass der Mensch ›glücklich‹ sei, ist im Plan der ›Schöpfung‹ nicht enthalten« (ebd., 42 f.). Deshalb seien unsere Glücksmöglichkeiten »schon durch unsere Konstitution beschränkt«, und »uneingeschränkte Befriedigung aller Bedürfnisse« würde sich dem Menschen als die »verlockendste Art der Lebensführung« aufdrängen (ebd., 43). Aus dieser Argumentation heraus gelangt Freud zu der pessimistischen Einschätzung, der Mensch brauche und nutze die Bedürfnisbefriedigung zur Leidabwehr und zur Vermeidung von Unlust. Betrachtet man die Konsumwerbung, so gibt es unzählige Indizien dafür, dass Güter und Dienstleistungen, mit dem Versprechen der Ersatzbefriedigung oder der Ablenkung verknüpft, die Menschen vor dem Daseinsschmerz »schützen«. Der Konsum liefert ihnen die nötige Zerstreuung, um sie von den wesentlichen Fragen eines befriedigenden Lebens abzulenken. Aber selbst wenn Freud keinen absoluten Beweis dafür liefert, dass der Mensch der Mäßigung unfähig ist, erscheint seine Argumentation dahingehend überzeugend, dass die psychische Grundposition des Menschen im Verein mit den systemischen Grundregeln des Kapitalismus ein äußerst schwieriges Konglomerat bildet, das der Forderung nach Mäßigung entgegensteht.

Die Position, dass der Mensch eher zum Luxus neige als zur Mäßigung, ist vermutlich weiter verbreitet als die umgekehrte Auffassung. Dennoch findet man in der Philosophie nur selten die Einschätzung, dass Maßlosigkeit den Menschen besser zufriedenstellen könnte. Vielmehr sind seit der Antike die meisten Philosophen der Meinung, dass Menschen, die das rechte Maß für sich gefunden haben, die glücklicheren sind. Aber diese Bestimmung fällt den Menschen ausgesprochen schwer, und jeder Mensch hat ein eigenes Maß für die Menge an Dingen und Aktivitäten, die ihn zufriedenstellen. So erscheint das rechte Maß immer wieder relativ – und zwar im Hinblick auf die einzelnen Personen wie auch im Vergleich mit den Mitmenschen und anderen Kulturen. Trotz der zahlreichen erläuterten Gegenargumente scheint der Mensch also zumindest potenziell zur Mäßigung fähig zu sein. Es ist ein Faktum, dass sich sowohl Individuen als auch ganze Kulturen entsprechend ihrer Fähigkeit zur Reflexion und zur Vernunft beschränken und sich selbst Grenzen setzen können.

Kapitel 5

Maß und Mäßigung in Philosophie und Religion

Die ersten und kostbarsten Güter der Seele besitzt man,
wenn die Mäßigung darin wohnt.

Platon

In der Geschichte der Philosophie und in allen fünf Weltreligionen haben Mäßigung und die Suche nach einem rechten Maß eine wichtige Rolle gespielt. Seine aktuelle Bedeutung erlangt die Tugend der Mäßigung dadurch, dass ein funktionierendes kapitalistisches Wirtschaftssystem, das mittlerweile mit nur wenigen Ausnahmen den gesamten Globus überzogen hat, genau das Gegenteil von Mäßigung erfordert und diese Entwicklung, wie bereits aufgezeigt, deutlich an Grenzen stößt. Deshalb setzen sich auch in neuerer Zeit Wissenschaftler und Denker wieder mit der Philosophie der Mäßigung auseinander.

5.1 Maß und Mäßigung – Wortbedeutungen

Der Philosophie von Maß und Mäßigung kann man sich sinnvoll über verschiedene Wortbedeutungen ihres griechischen Namens »sophrosýne« wie auch der lateinischen Bezeichnung »temperantia« nähern. Der ursprüngliche Wortsinn des griechischen Wortes »sophrosýne« bedeutete Besonnenheit, womit man zugleich eine besonnene Gelassenheit wie auch eine ordnende Verständigkeit bezeichnete. »Sophrosýne« stand für eine besondere Klugheit und die Fähigkeit zur (Selbst-)Beschränkung auf das Gute und Wesentliche. Das Bedeutungsfeld von »sophrosýne« umfasste einen gesunden Verstand, Klugheit, richtige Erkenntnis, Zurückhaltung, Selbstbeherrschung, Enthaltsamkeit, Nüchternheit, Anstand, Ordnung und

Sittlichkeit. Als Gegenteil von Besonnenheit galten Impulsivität und eine fehlende Affektkontrolle, die zu unüberlegten Handlungen führt und das rechte Maß vermissen lässt.

Auch der genauere Sinn der lateinischen Übersetzung von Mäßigung mit dem Ausdruck »temperantia« erklärt viel über seine philosophische Bedeutung. Das lateinische Verb »temperare« wird mit richtig mischen, temperieren, maßvoll gebrauchen, sich mäßigen, zurückhalten, mit schonen, besänftigen und auch mit ordnen, lenken oder regieren übersetzt (Latein-Wörterbuch 2015). Den Ausdruck der richtigen Mischung findet man auch in alten Abbildungen und Skulpturen zur Kardinaltugend Mäßigung versinnbildlicht. Dargestellt wurden beispielsweise zwei Gefäße zum Mischen von Wasser und Wein (siehe Abbildung 1).

Abb. 1: Jacob Matham nach Hendrick Goltzius: Die sieben Tugenden: Temperantia (Die Mäßigung) (Rijksmuseum Amsterdam o. J.)

»Temperantia« bezeichnete »das harmonische Zusammenspiel zwischen den verschiedenen Ebenen der Seele, genauer zwischen Begierde, Mut und Vernunft« (Hügli/Lübcke 2003). Zwischen diesen drei Ebenen soll der Mensch einen Ausgleich herstellen, um zu einem harmonischen Leben zu finden. »Temperantia« ist insofern nicht vorrangig eine Tugend zur Lösung ökologischer Probleme, die ja in der Antike, als man sich erstmalig über Fragen der Mäßigung Gedanken machte, so noch nicht wahrgenommen wurden, sondern war zunächst eine Weisheit zur Gestaltung eines harmonischen und glücklichen Lebens.

5.2 Mäßigung in der Philosophie

Der griechische Philosoph Sokrates (470–399 v. Chr.) soll nach einem Bericht von Diogenes Laertius (180–240 n. Chr.) beim Anblick der massenhaften Verkaufsartikel, die es offenbar auch in der Antike schon gab, oft zu sich selbst gesagt haben: »Wie zahlreich sind doch die Dinge, deren ich nicht bedarf.« (Diogenes Laertius 1990, 86) Mit Mäßigung und Maßlosigkeit beschäftigt sich der Mensch also nicht erst seit der Wahrnehmung einer gesellschaftlichen Naturkrise seit Anfang der 1970er-Jahre. Schon in der Antike wurde über das rechte Maß, das der Mensch zu einer harmonischen Lebensführung benötigt, philosophiert. Seit den Anfängen philosophischen Denkens spielen die Begriffe »Maß«, »Mäßigung« oder »Mäßigkeit« eine zentrale Rolle. Dabei kann man das philosophische Nachdenken über Mäßigung zunächst in zwei Kategorien einteilen: einerseits die Erkenntnis, dass Maß und Mäßigung zur Harmonie und zum Lebensglück des Menschen gehören, dass also weder das Zuviel noch das Zuwenig den Menschen zufriedenstellt; zweitens die Einsicht, dass es zum Wesen des Menschen, anders als zu dem des Tieres, gehört, dass er über das rechte Maß reflektiert.

Schon der Vorsokratiker Demokrit aus Abdera (460–371 v. Chr.) erkannte die Bedeutung der Mäßigung für ein gelungenes und harmonisches Leben. »Wohlgemutheit erringen sich die Menschen durch Mäßigung der Lust und Harmonie des Lebens. Mangel und Überfluss aber pflegt umzuschlagen und große Erregungen in der Seele zu verursachen.« (Demokrit zit. n. Diels 1922, 23) Demokrit stellte die Forderung auf, dass der Mensch sich auf seine eigenen Fähigkeiten und Möglichkeiten besinnen und nicht mit Neid auf die anderen schauen sollte.

>»Die in starken Gegensätzen sich aufregenden Seelen sind weder beständig noch wohlgemut. Man muss also sein Denken auf das Mögliche richten und sich mit dem Vorhandenen begnügen, ohne der Beneideten und Bewanderten viel zu achten und in Gedanken ihnen nachzujagen.« (Ebd.)

Demokrit mahnt, man sollte sich besser mit denen vergleichen, denen es schlechter geht, und die eigene Situation mit deren Schicksal vergleichen; denn dann erscheine die eigene Lebenssituation in einem weitaus positiveren Licht, und durch solche Bescheidenheit könne der Mensch Schaden an der eigenen Seele abwenden.

>»Denn wer die Besitzenden und von den andern Menschen seliggepriesenen bewundert und zu jeglicher Frist mit seinen Gedanken ihnen nachjagt, wird dazu gezwungen, stets etwas Neues auszuhecken und seine Gier sogar auf irgendein unsühnbares, durch das Gesetz verbotenes Verbrechen zu werfen.« (Ebd.)

Demokrit zeigte damit auch schon einen Weg aus der Konkurrenzgesellschaft auf. Man solle sich nicht permanent mit den Besitzenden vergleichen, sondern sich im Vergleich zu den Ärmeren und Leidenden glücklich schätzen und mit dem Erreichten zufriedengeben.

Einer der wohl bekanntesten antiken Philosophen, der sich den Fragen der Mäßigung und Bedürfnislosigkeit sowie dem Problem der Unabhängigkeit von äußeren Zwängen widmete, war Diogenes von Sinope (ca. 410 – ca. 323 v.Chr.). Bekannt wurde er, von dem zwar viele Anekdoten, aber kaum gesicherte Daten überliefert sind, durch seine Begegnung mit Alexander dem Großen. »Als er sich [...] sonnte, trat Alexander an ihn heran und sagte: ›Fordere, was du wünschest‹, worauf er antwortete: ›Geh mir aus der Sonne.‹« (Diogenes

Laertius 1990, 313). Diese Überlieferung, die vielfach auch Gegenstand künstlerischer Darstellungen wurde, veranschaulicht die Philosophie der Bedürfnislosigkeit, die Diogenes nicht nur gepredigt, sondern eben auch gelebt haben soll. Die aus Sekundärquellen überlieferten Gedanken von Diogenes belegen, dass er die Auffassung vertrat, dass wahrhaftig glücklich nur derjenige Mensch sein könne, der sich von äußeren Zwängen und Bedürfnissen freimache. Im Zentrum seiner Philosophie stand die aus der Bedürfnisbeschränkung und Unabhängigkeit resultierende Selbstgenügsamkeit (»autarkeia«). Nach Diogenes Laertius (180–240 n. Chr.), der verschiedene Schriften des Diogenes von Sinope überlieferte, soll dieser die Selbstgenügsamkeit mit den Worten beschrieben haben, »es sei göttlich, nichts zu bedürfen, und gottähnlich, nur wenig zu haben« (Diogenes Laertius 1990, 349). Diese philosophische Grundhaltung der Antike steht im Widerspruch zur heutigen Doktrin der Konsumgesellschaft, die von der Unbegrenztheit menschlicher Bedürfnisse ausgeht und eher solche Menschen als gottähnlich betrachtet, die möglichst viel besitzen.

Diogenes von Sinope erkannte nur einige wenige Grundbedürfnisse als notwendig an. Hierzu gehörten etwa die nach Essen, Trinken, Kleidung, Behausung und Sexualität. Alle anderen darüber hinausreichenden Bedürfnisse, so forderte er, solle der Mensch ablegen. Seine Philosophie verfolgte nach heutiger Erkenntnis eher einen radikalen Minimalismus als die Suche nach einem rechten Maß. Dass menschliches Leben unter anderem auch nach Kultur und Kunst streben könnte, wurde von Diogenes eher negiert. Diogenes war sicherlich einer der ersten und wichtigsten antiken Philosophen, die sich den Fragen nach den menschlichen Bedürfnissen und der möglichst weitgehenden Befreiung von ihnen widmete. Die Radikalität seiner philosophischen Forderungen ist aber im weiteren Verlauf der Menschheitsgeschichte nur selten und dann meist in religiösen Kontexten auf fruchtbaren Boden gefallen. Seine extremen Forderungen, menschliches Leben auf seine Grundbedürfnisse zu beschränken, hat keine allgemeine Akzeptanz gefunden.

Sokrates (469–399 v. Chr.), der noch vor Diogenes lebte und lehrte, pries Mäßigung und Besonnenheit als besondere Tugenden und setzte diese Tugenden mit Selbsterkenntnis gleich. Die Frage nach der Besonnenheit beantwortete Sokrates im von Platon überlieferten Charmides-Dialog damit, dass sie Leiterin des Menschen sei, die das Gute und Schlechte erkenne und Scharlatane nicht aufkommen lasse (vgl. Platon 1998, Bd. III: Charmides, 53 ff.). Besonnenheit beziehungsweise Mäßigung bewirke zwar keinen unmittelbaren Nutzen, sei aber trotzdem in dem Sinne von Vorteil, dass man mithilfe der Besonnenheit – die Sokrates auch als das »Wissen des Wissens« bezeichnete – die Leistung der anderen Wissensfächer erkenne. Sokrates hielt Besonnenheit für ein »großes Gut« und stellte fest, wer sie besitze, sei glücklich zu preisen.

Für Platon gehörte Mäßigung neben Weisheit, Tapferkeit und Gerechtigkeit zu den vier Kardinaltugenden. Als Kardinaltugenden verstand er diese vier Grundtugenden, weil sie seiner Auffassung nach zum Fundament eines gelingenden Lebens gehörten. Platon ordnete die Mäßigung dem menschlichen Seelenteil der Begierde zu. Mäßigung war für ihn diejenige Tugend, die den unmäßigen Begierden gegenüberstand. Das Maß, nach dem gestrebt werden sollte, war für ihn ein ethischer Ordnungsbegriff, der im Zusammenhang mit der kosmischen Ordnung betrachtet wurde. Die Mäßigung aller Begierden war eng mit einem verständigen und gerechten Charakter verbunden (vgl. Platon 1940, 349).

Platon wies jedem der drei von ihm angenommenen Seelenteile und jedem der drei gesellschaftlichen Stände in seiner Konzeption einer idealen Gesellschaftsordnung eine Tugend zu, nämlich dem obersten Seelenteil beziehungsweise Stand die Weisheit, dem zweitrangigen die Tapferkeit und dem niedersten die Verständigkeit oder Fähigkeit des Maßhaltens. Die Gerechtigkeit hatte er allen drei Teilen zugewiesen, sie sorgte für das rechte Zusammenwirken der Teile des Ganzen. Platons Tugendlehre, insbesondere die Zuordnung einzelner Tugenden zu den jeweiligen Ständen, erscheint einer aufgeklärten Welt heute befremdlich. Besonders die Tatsache, dass Platon dem niedersten Stand die Fähigkeit des Maßhaltens zuwies, ist nur im Kontext einer insgesamt tugendhaften Gemeinschaft zu verstehen, in der der oberste Stand tatsächlich und ausschließlich nach dem Wahren und Guten strebt. Diese idealistische Hoffnung hat sich im Laufe der Geschichte nicht bestätigt, und man wird heute eher konstatieren müssen, dass der oberste Stand (zum Beispiel das reichste Prozent der Weltbevölkerung) der Fähigkeit zum Maßhalten weitaus mehr bedarf als die ärmeren Sozialschichten.

Mäßigung und Besonnenheit waren in der antiken Philosophie eng verbunden mit Weisheit. Bei Platon hieß es, wer »wahrer Freund der Weisheit« sein wolle, benötige die besonnene Mäßigung bei gleichzeitiger »Abwesenheit aller Gewinnsucht«. Ein weiser Mensch bedürfe der Fähigkeit zur Mäßigung; denn »die Triebfedern, derentwegen man mit großem Kraftaufwand nach Geld und Gut strebe«, durften bei keinem in der Welt weniger die Tätigkeit bestimmen als bei einem Philosophen (Platon 1940, 337). Die Gewinnsucht lenke die Menschen von dem Wesentlichen und Wichtigen im Leben ab. Ein Philosoph aber, der nach Wahrheit sucht, dürfe sich nicht vom Drang nach mehr Geld und Gut ablenken lassen.

Aristoteles (385–322 v. Chr.), Schüler von Platon, war ebenfalls der Überzeugung, dass große und heftige Begierden die Überlegung (Logismus) vertreiben. Die Begierden sollten deshalb »mäßig und von geringer Zahl sein und dürfen der Vernunft (›lògos‹) in keiner Hinsicht entgegenstehen« (Aristoteles 2006, 127). Aristoteles bestimmte die Mäßigkeit als eine mittlere Disposition, die zwischen dem Zuviel und dem Zuwenig liege und mit Lust und Unlust verbunden sei (vgl. Aristoteles 2006, 121). »Mesotes« (griechisch für »Mitte«) ist ein Terminus der antiken Philosophie, der durch Aristoteles in die Ethik eingeführt wurde. Er bezeichnet die Stellung einer Tugend zwischen zwei einander entgegengesetzten Lastern, dem Übermaß und dem Mangel. Mäßigkeit stehe beispielsweise zwischen den beiden Extremen Stumpfsinn und Zuchtlosigkeit, die Tugend der Freigiebigkeit zwischen Verschwendung und Geiz. Die jeweilige Mitte zwischen den Extremen sei allerdings nicht ein arithmetisch mittlerer Punkt, der durch zwei gegenseitige Laster eindeutig bestimmt wird, sondern als ethische Handlungsmöglichkeit zu verstehen, die den Besonderheiten der Personen Rechnung trägt. Diese Mitte sei subjektiv und situationsabhängig durch die Vernunft des Einzelnen bestimmt und kann sich zwischen zwei Personen unterscheiden. Dementsprechend zeige sich die Vorstellung vom guten Leben laut Aristoteles als eine mittlere Lebensform.

Die Unmäßigkeit rückte Aristoteles in die Nähe des Tierischen und stufte sie als besonders negativ ein. Mit der Unmäßigkeit war seiner Auffassung zufolge derjenige unserer Sinne (»aisthesis«) verbunden, »der allen Tieren gemeinsam ist«. Deshalb betrachtete Aristoteles die Maßlosigkeit als besonders gefährlich: Die »Unmäßigkeit dürfte mit Recht besonders tadelnswert sein, weil sie uns nicht als Mensch zukommt, sondern insofern wir Tiere sind« (Aristoteles 2006, 123). Mäßigung und Besonnenheit sah er eng verknüpft mit der Vernunftbegabung des Menschen; dort, wo der Mensch zur Unmäßigkeit neigt, würden seine animalischen, triebgesteuerten Züge sichtbar. In der Maßlosigkeit folge der Mensch seiner Triebhaftigkeit und nicht seiner Vernunft. Die vernünftige Einsicht strebe hingegen immer nach der rechten Mitte.

In der antiken Philosophie wurden auch Schwierigkeiten und Probleme, sich zu mäßigen, thematisiert. Der bereits rezipierte Vorsokratiker Demokrit stellte fest, dass, wenn man das richtige Maß überschreitet, »das Angenehmste zum Unangenehmsten« werden könne (Demokrit zit. n. Diels 1922, 28). Er beschrieb diese Erkenntnis am Beispiel des Essens, Trinkens und der Liebe:

> »Allen, die den Lüsten des Bauches fröhnen und in Speise, Trank oder Liebe das Maß überschreiten, dauern die Genüsse nur kurz und nur während des Augenblicks, solange sie eben essen und trinken; die Leiden aber [danach] sind zahlreich [und langwierig]. Diese Begierde stellt sich eben stets wieder nach denselben Dingen ein, und sobald ihnen wird, was sie begehren, ist der Genuss rasch verflogen, und sie haben nichts davon als einen Augenblick der Lust: Dann stellt sich wieder dasselbe Bedürfnis ein.« (Ebd.)

Diese Erkenntnis hat kaum an Aktualität eingebüßt. In der heutigen Konsumkultur stellen wir fest, dass das Gefühl der Bedürfnisbefriedigung durch einzelne Konsumgüter nicht lange anhält und die

Menschen oft nach kurzer Zeit erneut nach Befriedigung im Konsum streben. Häufig müssen sie die Erfahrung machen, dass »Shoppen« nicht wirklich befriedigt, sondern vielmehr einer kurzlebigen Zerstreuung dient, die sich bereits nach kurzer Zeit wieder zu Unzufriedenheit, mitunter gar zu Depression wandelt.

Platon machte auf die auch heute noch zu beobachtende Widersprüchlichkeit in der gesellschaftlichen Bewertung eines maßvollen Lebens aufmerksam. Er stellte fest, dass gerade die Mächtigen und Reichen, die Mäßigung fordern, sich durch Unmäßigkeit und Zügellosigkeit auszeichnen: »Wie aus einem Munde singen alle, dass die Mäßigung [...] zwar etwas Schönes sei, aber auch etwas Schweres und Mühseliges; die Zügellosigkeit aber [...] sei angenehm und leicht zu erlangen und nur der Meinung und dem Gesetze nach etwas Schimpfliches.« (Platon 1940, 79) Im Alltag preise und ehre man die Reichen und verachte die Armen, obwohl man zugebe, dass die armen Menschen die besseren seien (vgl. ebd.). Die Forderung nach Mäßigung wurde also schon in der Antike höchst unterschiedlich bewertet. Man war sich einig, dass Mäßigung ein Mittel für ein harmonisches Leben sei. Platon geißelte eine Gesellschaft, die aus reiner Gier Profit aus der Unzufriedenheit und Krankheit der Menschen schlug. Er bezeichnete solche Gesellschaften als eine Schande und als Zeichen einer schlechten Erziehung (vgl. Platon 1940, 169 ff.). Nichtsdestotrotz fanden nahezu ausschließlich der Reichtum und das Streben nach mehr gesellschaftliche Anerkennung. Dieses widersprüchliche Verhältnis hat sich bis heute nicht grundlegend geändert.

Auch die Philosophie der Stoa, eine philosophische Schule, die von 300 v. bis 100 n. Chr. in Athen und Rom wirkte und namhafte Philosophen hervorbrachte, betrachtete Mäßigung als wesentlich für ein harmonisches Leben. Die Stoiker entwickelten eine Philosophie, in der das Individuum innerhalb einer als Ganzheit betrachteten Weltordnung seinen Platz finden, durch Einübung emotionaler Selbstbeherrschung sein Schicksal zu akzeptieren lernen und mithilfe von Gelassenheit und Seelenruhe zur Weisheit streben soll.

Ziel des Menschen ist der stoischen Lehre zufolge die Suche nach Glückseligkeit. Sie solle der Mensch in sich selbst suchen, denn nur dort könne er sie finden. Der römische Kaiser Marc Aurel (121–180 n. Chr.), einer der bedeutenden Vertreter der Stoa, kritisierte, dass die Menschen sich an die See, in verschiedene Länder oder ins Gebirge zurückziehen, um innere Ruhe zu finden. Dabei liege die innere Ruhe in ihnen selbst und damit so nahe; denn, so Aurel, »der Mensch zieht sich nach keiner anderen Stätte zu größerer Ruhe und Ungestörtheit zurück als in seine eigene Seele, vor allem derjenige, der in sich einen solchen Seelengrund hat, dass er, wenn er in ihn untertaucht, sich alsbald in vollendeter Ruhe befindet« (Aurel o. J., 30).

Der Mensch wird in der stoischen Philosophie als Teil einer vom Logos durchwalteten Natur gesehen, dessen Geist und Denkvermögen ihm die Teilhabe am göttlichen Logos ermöglicht. Als Voraussetzungen für ein glückliches Leben betrachtet die Stoa einen Prozess der Selbsterkenntnis sowie das Streben nach zielführenden Verhaltensweisen, Gewohnheiten und Haltungen. Als Grundlage für ein lebenslanges Bemühen um Selbstformung wird eine gründliche und tief gehende Affektkontrolle betrachtet, die den Menschen zu Unerschütterlichkeit (»ataraxie«), zur Freiheit von Leidenschaften (»apatheia«) und zu Selbstgenügsamkeit (»autarkeia«) führen soll. Ein besonderes Merkmal der stoischen Philosophie ist die kosmologische, auf die Ganzheitlichkeit der Welterfassung gerichtete Betrachtungsweise, die ein in allen Naturerscheinungen und natürlichen Zusammenhängen waltendes universelles Prinzip annimmt. Für den Stoiker als Individuum galt es, seinen Platz in dieser Ordnung zu erkennen und auszufüllen, indem er durch die Einübung emotionaler Selbstbeherrschung sein Los zu akzeptieren lernte und mithilfe von Gelassenheit und Seelenruhe nach Weisheit strebte. Die Gottessicht der Stoa bezeichnet man als pantheistisch: Gott wird als identisch mit der Weltvernunft betrachtet, die alle Dinge und Wesen durchdringt. Die ethisch-philosophischen Grundlagen der Stoa wurden zum Fundament der christlichen Ethik.

Nach Seneca (4–65 n. Chr.), einem weiteren bedeutenden Vertreter der stoischen Schule, sollte der Mensch sich mäßigen, um »Gemütsruhe« zu erlangen – die Stoa ist uns denn auch heute noch durch die Wendung »stoische Ruhe« geläufig. Eine von Senecas

Grundregeln lautete, was zu viel sei, sei überall von Übel (vgl. Seneca 1993 Bd. II, 89 f.). Die Menschen sollten seiner Meinung nach lernen,

> »die Enthaltsamkeit zu steigern, die Genusssucht in Schranken zu halten, die Ruhmbegierde zu mäßigen, den Jähzorn zu lindern, mit der Armut uns auf freundlichen Fuß zu stellen, die Genügsamkeit in Ehren zu halten, [...] den natürlichen Bedürfnissen durch leicht zu beschaffende Mittel Befriedigung zu gewähren, ungezügelte Hoffnungen und die Sucht des Plänemachens für ferne Zukunft gleichsam in Fesseln zu halten und es dahin zu bringen, dass wir den Reichtum mehr von uns selbst als vom Glücke erwarten« (ebd., 88).

Zugleich behauptete Seneca einen engen Zusammenhang von Mäßigung und Weisheit. Er stellte fest, ein Weiser sei sich selbst genug, und forderte dazu auf, beim Konsum über den wahren Zweck der Güter zu reflektieren und sich nicht von irreleitenden Versprechungen verführen zu lassen: »Gewöhnen wir uns, uns jeden Prunkes zu entschlagen und als maßgebend den Nutzen der Dinge anzusehen, nicht den äußeren Schmuck.« (Ebd.) In diesem Sinne gab er den Ratschlag, »bei Anschaffung unserer Kleidung nur auf deren eigentlichen Zweck« zu sehen (ebd., 89). Offensichtlich bestand bereits in antiken Zeiten das Problem, dass die Menschen mehr Kleidung erwarben und besaßen, als sie sinnvoll nutzen konnten.

Die Forderung nach Mäßigung bezog Seneca nicht allein auf die Menge der Güter, sondern auch auf die Rastlosigkeit der Menschen, die mit ihrer Anhäufung einhergeht. Man müsse aufhören mit dem ewigen Hin- und Herrennen, das so viele Menschen in Atem halte, schrieb er. Ihre Unrast sei unbedacht, erfolglos und ohne bestimmtes Ziel. Seneca erklärt sie folgendermaßen: »Nicht der Tätigkeitstrieb setzt diese Rastlosen in Bewegung; es sind die täuschenden Trugbilder der Dinge, die die Verblendeten nicht ruhen lassen; denn auch bei ihnen ist es irgendwelche Hoffnung, die zur Bewegung anregt; es reizt sie irgendein Scheinbild, dessen Nichtigkeit ihrem befangenen Geist nicht zum Bewusstsein kommt.« (Seneca 1993 Bd. II, 98 f.)

Seneca beschreibt hier sehr genau den Aktionismus, der die Menschen antreibt. Unreflektiert hasten sie von einem Ziel zum nächsten. Für alle, die ihr Haus nur verlassen, um das Straßengetümmel noch größer zu machen, gelte dasselbe: »Es sind leere Gründe, die einen jeden von ihnen in der Stadt umherführen.« (Ebd., 99) Die Mahnungen Senecas scheinen kaum an Aktualität eingebüßt zu haben. Die unzähligen Festivitäten, Konzerte, verkaufsoffenen Sonntage oder auch die Staus auf den Straßen geben ein beredtes Zeugnis heutiger Rastlosigkeit. Und Seneca beschreibt auch das fehlende Bewusstsein der Menschen für die Sinnlosigkeit ihres Aktionismus: »Wenn sie dann in zweckloser Ermüdung nach Hause kommen, so schwören sie, sie wüßten selbst nicht, weshalb sie ausgegangen wären, wo sie gewesen wären, um dann am nächsten Tag wieder dieselbe Irrfahrt anzutreten.« (Ebd., 98) Um sich vor dieser Form der Maßlosigkeit zu bewahren, empfiehlt er, die eigenen Motive besser zu reflektieren und keine zu unnützen Ziele zu verfolgen, seine Kräfte also nicht für nutzloses Bemühen zu verschwenden (vgl. ebd., 97).

Auf den Griechen Epikur (341–270 v. Chr.) geht die nach ihm benannte epikureische Schule zurück, die parallel zur stoischen entstand. Epikur stellte in seiner sogenannten Lustökonomie das rechte Maß in den Mittelpunkt einer bildenden Lebenskunst. Er empfahl eine verständige Klugheit und forderte die Fähigkeit zur gestalteten Askese. Die Verbindung von Mäßigung mit Lust mag uns heute etwas befremdlich erscheinen, wird doch unser heutiges Verständnis von dieser Tugend weit eher mit der Unterdrückung von Lust verbunden. Epikurs Philosophie aber versteht die Lust als Mittel, um das Ziel individueller Glückseligkeit und inneren Friedens zu erreichen. Dies gelingt dem Menschen dann, wenn sein Körper gesund und seine Seele ruhig ist. Er unternehme alles, so Epikurs These, um weder Schmerzen noch Aufregung ausgesetzt zu sein. Epikur stellt fest, dass die Lust der Anfang und das Ende des seligen Lebens sei. »Denn sie haben wir als erstes und angeborenes Gut erkannt, und mit ihr fangen wir alles Wählen und Meiden an, und bei ihr enden wir wieder, weil wir mit dieser Empfindung als Maßstab alles Gut beurteilen.« (Epikur 1991, 103) Die Lust als höchstes anzustrebendes Gut ist allerdings nicht durch Überfluss und Verschwendung zu erreichen. Um Lust zu empfinden, muss der Mensch sich auf die Vermeidung körperlichen Schmerzes und seelischer Aufregung konzentrieren: »Wenn wir also sagen, dass die Lust das Lebensziel sei, so meinen wir nicht die Lüste der Wüstlinge und das bloße Genießen, wie einige aus Unkenntnis und weil sie mit uns nicht übereinstimmen und weil sie uns mißverstehen, meinen, sondern wir verstehen darunter, weder Schmerz im Körper noch Beunruhigung in der Seele zu empfinden.« (Ebd., 104) Zu diesem Zwecke empfiehlt Epikur die Mäßigung, wobei er den Begriff der »Selbstgenügsamkeit« verwendet. Diese diene nicht vorrangig der Selbstbeschränkung, sondern der Festigung der Person mit dem Ziel, in unterschiedlichen Lebenslagen mit dem zur Verfügung Stehenden auszukommen:

> »Wir halten auch die Selbstgenügsamkeit für ein großes Gut, nicht um uns in jedem Fall mit Wenigem zu begnügen, sondern damit wir, wenn wir das Viele nicht haben, mit dem Wenigen auskommen, in der echten Überzeugung, dass jene den Überfluss am süßesten genießen, die seiner am wenigsten bedürfen, und dass alles Naturgemäße leicht, das Sinnlose aber schwer zu beschaffen ist und dass bescheidene Suppen ebensoviel Lust erzeugen wie ein üppiges Mahl, sowie einmal aller schmerzende Mangel beseitigt ist, und dass Wasser und Brot die höchste Lust zu verschaffen vermögen, wenn einer sie aus Bedürfnis zu sich nimmt.« (Ebd., 103 f.)

Wenn der Mensch sich an ein einfaches Leben gewöhnt hat, kann er also jede Situation unbeschwert ertragen. Durch die Übung in Selbstgenügsamkeit entwickelt der Mensch »Furchtlosigkeit vor den Wechselfällen des Zufalls« (ebd., 104). Voraussetzung für die Erlangung der Lust ist die Einsicht. Epikur ist überzeugt, dass man nicht lustvoll leben kann, »ohne verständig, schön und gerecht zu leben« (ebd.). Allerdings stellt sich der richtige Umgang mit den Lüsten nicht von selbst ein; er muss geübt werden. Auf die Frage, wie solche Übungen im Umfeld von Bildungsprozessen aussehen könnten, wird später noch einzugehen sein.

Auch in der chinesischen Philosophie spielte die Bestimmung eines rechten Maßes für ein harmonisches Leben eine bedeutende Rolle. In Konfuzius' (ca. 551–479 v. Chr.) »Buch von Maß und Mitte« heißt es: »Der edle Mensch hält sich an Maß und Mitte, der Gemeine widersetzt sich Maß und Mitte.« (Konfuzius 2015, 14) Der Ausdruck »Mitte« beschreibt bei Konfuzius eine innere Harmonie unter den unterschiedlichen emotionalen Impulsen, denen der Mensch ausgesetzt ist. Der Ausdruck »Maß« steht für die Kontrolle der Affekte. Der Edle, von dem er spricht, hält sich an Maß und Mitte und sucht den rechten Weg. Die »Goldene Regel« zielt auf das moralische Verhalten und bezeichnet die Werthaltung des Edlen. Er handelt entsprechend der menschlichen Natur tugendhaft: »Weitherzig sein und mild in der Unterweisung anderer und immer Böses mit Gutem vergelten: das ist die Stärke des Südens[6]. Und ein Edler hält sich daran.« (Ebd., 18) Er verbreitet Harmonie und »gerät nie in eine Lage, in der er nicht er selber ist«. (Ebd., 25) In ihrem Nachwort zum »Buch von Maß und Mitte« charakterisieren die Herausgeber den konfuzianischen Edlen: Man könne ihn nicht charismatisch in unserem heutigen Sinne nennen, seine Ausstrahlung wirke eher im Verborgenen.

> »Er ist ständig um Selbstvervollkommnung bemüht. Diese besteht aber nicht wie bei Kant in der Selbstgesetzgebung durch die Vernunft, sondern wird durch rituelle Übungen erreicht, die Körper und Geist umfassen. Insofern handelt es sich bei der Persönlichkeit des Edlen nicht um das autonome Subjekt und noch weniger um einen postmodernen Individualismus der Selbstverwirklichung. Vielmehr geht es um Charakterfestigkeit und Vorbildlichkeit.« (Fellmann in Konfuzius 2015, 80 f.)

Die Haltung des Edlen, so das Fazit, komme dem modernen Begriff der Selbstwirksamkeit wohl am nächsten (ebd.).

---

6 Süden und Norden stehen in der Vorstellung der Chinesen für gegensätzliche Kulturkreise.

Konfuzius lieferte eine Erklärung, warum es den Menschen schwerfällt, das rechte Maß zu finden. In seinen Überlegungen zu »Maß und Mitte« schreibt er: »Warum der Weg der Mitte nicht begangen wird, das weiß ich: Die Neunmalklugen gehen darüber hinaus, und die Törichten erreichen ihn gar nicht. Warum der Weg nicht erkannt wird, das weiß ich: Die Alleskönner gehen darüber hinaus, und die Unfähigen erreichen ihn nicht.« (Konfuzius 2015, 14) Er sah die besondere Schwierigkeit, ein Mittelmaß zu finden, in den menschlichen Anlagen begründet. Die eine Gruppe Menschen hatte seiner Meinung nach zu viel Potenzial und verfehlte deshalb das Ziel, der anderen Gruppe mangelte es an Fähigkeiten, um überhaupt ein »gesundes« Maß zu erreichen.

5.3 Mäßigung in den Weltreligionen

Der zeitgenössische Philosoph Hans Jonas hat in seinen Überlegungen über das »Prinzip Verantwortung« (Jonas 1984), in dem er sich mit einer Ethik für die technologische Zivilisation beschäftigt, unter anderem Bedenken geäußert, ob wir ohne die Wiederherstellung der Kategorie des Heiligen, die am gründlichsten durch die wissenschaftliche Aufklärung zerstört wurde, eine Ethik haben können, die die extremen Kräfte zügeln kann, die wir heute besäßen, dauernd hinzuerwürben und auszuüben beinahe gezwungen seien; denn er ist der Auffassung, dass nur die Scheu vor der Verletzung des Heiligen unabhängig sei von den Berechnungen der Furcht und dem Trost der Ungewissheit noch ferner Folgen. Aber Jonas beklagte auch, eine Religion, die nicht da sei, könne der Ethik ihre Aufgabe nicht abnehmen. Insofern müsse man auch ohne Religion Lösungen für die ethischen Herausforderungen unserer Zeit finden (ebd., 57 f.). Religiöse Überlegungen können aber Denkanstöße und Handlungsempfehlungen geben, die dabei helfen.

»Eine Religion ist in der Regel ein Weltbild mit drei Komponenten: einer Auskunft über den Ursprung der Welt, einer Vorstellung von moralischer Integrität und einem Vorschlag zum Umgang mit Erfahrungen, die unsere Kräfte zu übersteigen drohen, wie Tod, Schmerz und Einsamkeit.« (Bieri 2013, 77). Bei der Frage nach der (Selbst-) Beschränkung geht es in den Religionen hauptsächlich um ebendiese Aspekte. In allen fünf Weltreligionen spielen Mäßigung, Bescheidenheit und Genügsamkeit eine bedeutende Rolle. In den meisten Religionen erfüllen sie in der Regel dieselbe Funktion: Es geht um die Förderung der gemeinschaftlichen Bindung der Gläubigen durch Verzicht sowie um die konzentrierte Hinwendung zu einem Gott. Übermäßiger Besitz wird oft als ein Hindernis dafür betrachtet. Ein genügsames Leben, wie es in vielen Ordensgemeinschaften verfolgt wird, soll dementsprechend Weltabkehr ermöglichen und den wahren Weg zu Gott eröffnen. Zahlreiche religiöse Begründungen für die Tugend Mäßigung orientierten sich an den dargestellten antiken Philosophen. Man wird deshalb in den folgenden Ausführungen gelegentlich inhaltliche Überschneidungen zwischen Religion und Philosophie feststellen.

Mäßigung im Christentum

Im Christentum gehört Mäßigung neben Klugheit, Gerechtigkeit und Tapferkeit zu den vier Kardinaltugenden, die als Angelpunkt für ein sittliches Leben gelten. In der Mäßigung sieht die katholische Kirche eine »sittliche Tugend, welche die Neigung zu verschiedenen Vergnügungen zügelt und im Gebrauch geschaffener Güter das rechte Maß einhalten lässt« (Katechismus der katholischen Kirche 1997, 1809). Mäßigung sichere die Herrschaft des Willens über die Triebe und lasse die Begierden die Grenzen des Ehrbaren nicht überschreiten. Der Katechismus verweist auf das Alte Testament, in dem es heißt:

»30 Folge deinen Begierden nicht, sondern zügle dein Verlangen. 31 Denn wenn du deinen Begierden folgst, so wirst du dich zum Gespött deiner Feinde machen. 32 Sei kein Prasser und gewöhne dich nicht ans Schlemmen, 33 damit du nicht zum Bettler wirst, der andre von geliehenem Geld bewirtet, weil er kein eigenes im Beutel hat.« (Lutherbibel 2017, Sir 18,30–33).

Im Neuen Testament wird Mäßigung im Kontext von »Besonnenheit« und »Nüchternheit« angesprochen und darauf hingewiesen, der Mensch solle den weltlichen Begierden absagen »und besonnen, gerecht und fromm in dieser Welt leben« (ebd., Tit 2,12).

Der christliche Philosoph Josef Pieper, der sich intensiv mit der Tugendlehre beschäftigt hat, vernimmt im Begriff der Mäßigung in der heutigen Zeit einen »zu ausschließlich verneinenden Klang«, der sich nur auf Einschränkung, Abschnürung und Zügelung beziehe und dadurch den Gesamtkreis der Bedeutung dieser Tugend verfehle (vgl. Pieper 1998, 203). Deshalb ist seiner Auffassung nach die Kardinaltugend »temperantia« besser durch die Begriffe »Zucht« und »Maß« getroffen. Der Ausdruck »Zucht«, den man im heutigen Verständnis auch oft mit dem Wort »Züchtigung« negativ konnotiert, sieht er in einer bejahenden Bedeutung in der Nähe zu den Worten »ziehen«, »aufziehen« und »erziehen« und somit weit umfassender. Zucht beschreibe die zentrale Aufgabe, eine innere Ordnung in sich selbst herzustellen. »Der Zielsinn der temperantia ist die innere Ordnung des Menschen, aus der allein diese ›Ruhe des Gemütes‹ erfließt. Zucht heißt: in sich selber Ordnung verwirklichen.« (Ebd., 206) Zucht sei selbstlose Selbstbewahrung, und im Gegenteil, der Unzucht, sieht Pieper die Gefahr der »Selbstzerstörung durch selbstische Entartung der auf Selbstbewahrung zielenden Kräfte« (ebd., 207). »Wo immer Kräfte der Selbstbewahrung, Selbstbehauptung, Selbsterfüllung das innere Seinsgefüge des Menschen zerstören, da haben Zucht und Unzucht ihre Stelle.« (Ebd., 210) Zu den Kräften der Selbstbewahrung zählt er die Lust des Menschen an Speise und Trank, die Geschlechtslust, aber zugleich auch den Geltungstrieb und den Drang nach sinnlicher Wahrnehmung. Diese Triebkräfte dienten einerseits der Selbstbewahrung, könnten aber zugleich, wenn sie überhandnehmen – »selbstisch entarten« –, das innere Gefüge des Menschen zerstören und ihn in die Verzweiflung führen. »Intemperantia und Verzweiflung sind durch einen verborgenen Kanal miteinander verbunden. Wer immer in starrsinniger Maßlosigkeit darauf besteht, in Geltung und Genuss endgültige Stillung und Erfüllung zu erjagen, der hat seinen Fuß auf den Weg der Verzweiflung gesetzt.« (Ebd., 281)

Mäßigung ist im christlichen Verständnis der Weg zu Gott, den man allerdings durch selbstisches Sich-selber-Suchen verfehlt. Erst im rechten Maß – sei es im Bereich der Sexualität, des Konsums, des Geltungsstrebens, des Zornes, der Sinneslust und der »Neu-Gier« (vgl. ebd. 280) – entdecke der Mensch seine innere Ordnung.

Zahlreiche Kirchenväter haben die Tugend Mäßigung bei der Formulierung von Handlungsmaximen im Hinblick auf ein gottgefälliges Leben, das den Menschen gleichzeitig zu Zufriedenheit und Glück verhelfen sollte, einbezogen. Basilius von Caesarea (330–379 n. Chr.), ein berühmter Kirchenvater und Bischof des vierten Jahrhunderts, formulierte die Forderung nach Mäßigung in seiner 49. Regel folgendermaßen:

> »*Schmeckt dir etwas besonders gut und findest du Gefallen an Dingen, die du dann übermäßig beanspruchst, sei dir bewusst, dass dies zu einer Gefahr für dich werden kann. Viele werden, wenn sie nicht lernen, ihre Unmäßigkeit zu beherrschen, zunächst körperlich und später auch seelisch krank. Der Weg zurück über Einsicht und Enthaltsamkeit ist oft nicht leicht. Lebt jemand in deiner Nähe, der sich durch Unmäßigkeit geschadet hat, so verachte ihn nicht, sondern lass ihm deine Hilfe zukommen. Wendest du dich ihm zu, sei umsichtig und vorsichtig, denn es geht nicht nur um die Gesundung des Körpers, sondern auch um die Heilung der Seele. Die Seele und damit auch der religiöse Aspekt dürfen unter keinen Umständen vernachlässigt werden, sonst besteht die große Gefahr, dass der Mensch trotz körperlicher Heilung schnell wieder in seine Unmäßigkeit zurückfällt.*« *(Basilius zit. n. Dyckhoff 2005, 42 f.)*

Diese Regel fokussiert nicht ausschließlich auf die individuellen körperlichen und seelischen Folgen von Maßlosigkeit, sondern beschreibt auch einen einfühlenden, empathischen Umgang mit solchen Menschen, die einer Unmäßigkeit bis hin zur krankhaften Sucht verfallen sind.

Augustinus von Hippo (354–430 n. Chr.), einer der bedeutendsten lateinischen Kirchenväter und Philosophen am Übergang von der Spätantike zum Mittelalter, verwies ebenfalls auf die Gefahren für die psychische Gesundheit der Menschen und den Verlust innerer wie äußerer Freiheit, die das Streben nach immer mehr bewirken können:

> »Wenig nötig zu haben ist besser als viel zu besitzen. Hast du für dein Leben wenig nötig, darfst du eine große und immer größer werdende innere Freiheit erleben. Viele Menschen dagegen leben in einem unstillbaren Drang nach immer mehr. Sie werden abhängig und verlieren ihre innere und bald auch ihre äußere Freiheit. Menschen, die wenig Geld haben, können mit Wenigem zufrieden sein. Sind sie jedoch reich geworden, schleicht sich oft Unzufriedenheit ein, und sie verlangen nach immer mehr.« (Augustinus von Hippo zit. n. Dykhoff 2005, 103)

Benedikt von Nursia (480–547), Einsiedler, Abt und Gründer des nach ihm benannten Ordens, verwies besonders auf das Maßhalten beim Essen: »Achte darauf, dich niemals zu übersättigen, sondern bleibe in allem genügsam. Dies bekommt sowohl deinem Körper als auch deiner Seele am besten. Ein ständiges Zuviel im Essen entspricht nicht dem ureigenen Wesen des Menschen.« (Benedikt von Nursia zit. n. Dyckhoff 2005, 185) Er weist zudem auf die große Wirkung hin, die das Fasten auf Körper, Geist und Seele habe: »Nutze die vierzig Tage als Zeit der Einkehr, der Entsagung und des Fastens. Was dir vielleicht in der übrigen Zeit des Jahres nicht so leicht möglich ist, sollte hier verwirklicht werden: äußeres und inneres Freiwerden von jeglicher Abhängigkeit. Belastungen, Spannungen und Hindernisse fallen von dir ab und lösen sich, sodass die Reinheit des Herzens zur Grundhaltung der Seele werden kann.« (Ebd., 195) Wie bei Augustinus dient der Verzicht bei Benedikt also der Befreiung des Menschen.

Mit zum Teil sehr drastischen Formulierungen forderte Martin Luther (1483–1546) die Menschen zur Mäßigung auf und kritisierte deren Neigung zu Völlerei, die als Todsünde galt. In einer Predigt aus dem Jahr 1539 mahnt Luther unter Verweis auf Petrus,

> »dass ein Christ ein Mensch sei, der auch im Essen und Trinken seinen Leib angemessen versorge und nüchtern halte, ihn also nicht mit unmäßigem Fressen und anderem Überflüssigem belade und zu Scha-

den kommen lasse. Das bewirkt, dass er tüchtig, klug und fähig zum
Beten wird. Denn wer nicht danach strebt, dass er nüchtern und mäßig
seinen Dienst oder sein Amt ausübt, sondern voll wie ein Schwein und
täglich ein Trunkenbold ist, der wird weder zum Beten noch zu ande-
ren christlichen Dingen nützlich sein, ja, er taugt dann überhaupt zu
keiner Sache.« (Luther 1539)

Der maßlose Mensch schien Luther unfähig zur Pflichterfüllung,
denn die Maßlosigkeit fordere dessen Bewusstsein, sodass er sich
kaum noch auf andere Dinge konzentrieren könne.

In aktuellen christlichen Diskursen wird ebenfalls auf die Tugend
der Mäßigung und der Genügsamkeit verwiesen. In der im Jahre 2015
erschienenen Umweltenzyklika »Laudato si'« (Franziskus 2015) kritisiert Papst Franziskus massiv das marktwirtschaftlichen Geschehen
und fordert Genügsamkeit ein. Die zerstörerische »anthropozentri-
sche Maßlosigkeit« (ebd., 126) der Moderne, so seine Argumentation,
beute die Natur aus und zerstöre sie. Der Markt schaffe einen unwi-
derstehlichen Konsummechanismus. Die Menschen würden dabei
in einem Strudel von unnötigen Anschaffungen und Ausgaben, in
einem zwanghaften Konsumismus versinken (vgl. ebd., 203). Ihnen
würden systembedingt Gebrauchsdinge und Lebensformen aufge-
nötigt. Dabei wiege das gesellschaftliche System den Menschen in
dem Glauben, frei zu sein, solange er über eine vermeintliche Freiheit verfügt. In Wirklichkeit besitze aber nur eine Minderheit, welche die wirtschaftliche und finanzielle Macht innehabe, die Freiheit.
Franziskus bilanziert die beschriebene Situation folgendermaßen: »In
dieser Unklarheit hat die postmoderne Menschheit kein neues Selbst-
verständnis gefunden, das sie orientieren kann, und dieser Mangel
an Identität wird mit Angst erfahren. Wir haben allzu viele Mittel für
einige dürftige und magere Ziele.« (Ebd.) Diese Situation erfordere
eine notwendige »Mäßigung des Konsums« (ebd., 180).

Franziskus spricht von einer besonderen Genügsamkeit, die er als
eine sinnlich-achtsame Lebensform unserem hektischen Leben und
der Ausbeutung der Natur gegenüberstellt. Genügsamkeit sei befrei-
end und bedeute nicht weniger Leben und eine geringere Intensität,

sondern genau das Gegenteil. Der Mensch würde in der Genügsamkeit einzelne Momente mehr auskosten, weil er nicht mehr ständig auf der Suche nach dem sei, was er nicht habe. Gerade die genügsamen Menschen seien es, »die erfahren, was es bedeutet, jeden Menschen und jedes Ding zu würdigen, und die lernen, mit den einfachsten Dingen in Berührung zu kommen und sich daran zu freuen. So sind sie fähig, die unbefriedigten Bedürfnisse abzubauen, und reduzieren die Ermüdung und das versessene Streben.« (Ebd., 225 f.) Genügsamkeit und ein erfülltes Leben sind keine Gegensätze, sondern bedingen einander. Franziskus stellt fest, man könne wenig benötigen und trotzdem ein erfülltes Leben führen; denn gerade in der Genügsamkeit entwickele sich das Gefallen an anderen Dingen oder an zwischenmenschlichen Begegnungen. Durch Beschränkung finde der Mensch eher Erfüllung in der Kunst, der Musik oder im Kontakt mit der Natur. Franziskus weist darauf hin, dass das Glück, nach dem alle Menschen streben, gerade in unserer heutigen Zeit eher durch Genügsamkeit zu erreichen sei: »Das Glück erfordert, dass wir verstehen, einige Bedürfnisse, die uns betäuben, einzuschränken, und so ansprechbar bleiben für die vielen Möglichkeiten, die das Leben bietet.« (Ebd., 226)

Es wird deutlich, dass Genügsamkeit eine sehr ähnliche Bedeutung wie Mäßigung einnimmt. Allerdings findet Genügsamkeit in unserer Zeit kaum Anerkennung. Franziskus mahnt deshalb, dass die Vernachlässigung dieser wie anderer Tugenden zum Ungleichgewicht in Gesellschaft und Natur führten. Dabei sieht er die Zerstörung der Natur und das Ungleichgewicht in den Gesellschaften in einem engen Zusammenhang. Genügsamkeit erfordere, dass der Mensch im Frieden mit sich selbst lebe. Franziskus weist darauf hin, dass viele Menschen eine tiefe Unausgeglichenheit in sich spürten, die sie dazu bewege, »alles in Höchstgeschwindigkeit zu erledigen, um sich beschäftigt zu fühlen, in einer ständigen Hast, die sie wiederum dazu führt, alles um sich herum zu überfahren« (ebd., 227). Diese Rastlosigkeit wirke sich entsprechend auf die Art aus, wie wir die Umwelt behandeln. Eine ganzheitliche Ökologie beinhalte, »sich etwas Zeit zu nehmen, um den ruhigen Einklang mit der Schöpfung wiederzugewinnen, um über unseren Lebensstil und unsere Ideale nachzudenken« (ebd.). Franziskus warnt vor der Unfähigkeit des modernen Menschen, den unmittelbaren Interessen als Herrscher, Konsument und Ausbeuter Grenzen zu setzen, wenn er sich der Natur ohne eine gewisse Offenheit und ein Staunen über ihre Wunder nähert. Der Mensch müsse sich in seiner Beziehung zur Welt der Sprache der Brüderlichkeit und Schönheit bedienen. Gleichzeitig fordert Franziskus einen erweiterten Begriff von Frieden. Frieden bedeute mehr als nur die Abwesenheit von Krieg: »Der innere Friede der Menschen hat viel zu tun mit der Pflege der Ökologie und mit dem Gemeinwohl, denn wenn er authentisch gelebt wird, spiegelt er sich in einem ausgeglichenen Lebensstil wider, verbunden mit einer Fähigkeit zum Staunen, die zur Vertiefung des Lebens führt.« (Ebd.) Erst wenn wir uns allem, was existiert, innerlich verbunden fühlen, können Genügsamkeit und Fürsorge entstehen. Mäßigung könne sich nur in einer besonderen Form der Weltbegegnung entwickeln (vgl. ebd., 25).

Mäßigung im Judentum

Im Judentum, der mit etwa 15 Millionen Gläubigen kleinsten der fünf Weltreligionen, kommt Mäßigung in verschiedenen Manifestationen und Verhaltenskodizes zum Ausdruck. Maimonides (1135–1204), ein jüdischer Philosoph, Rechtsgelehrter und Arzt des 13. Jahrhunderts, der als einer der bedeutendsten jüdischen Gelehrten aller Zeiten gilt, forderte, die Frommen sollten nicht einmal ein Senfkorn verachten: »Es tut ihnen leid um jede Verschwendung und Zerstörung, und wo sie etwas bewahren können, tun sie es mit aller Kraft.« (Maimonides zit. n. Goldberg 2015) Das jüdische »Lo taschchit!« – »Du sollst nicht vergeuden!«, auf das Maimonides hier verweist, ist bereits mehrere tausend Jahre alt und kann als eine der frühesten Manifestation ökologischen Denkens gelten (vgl. Goldberg 2015).

Auch mit »Zniut«, einer Art Verhaltenskodex, wird im Judentum die Forderung nach Mäßigung zum Ausdruck gebracht. »Zniut«, hebräisch für Sittsamkeit oder Bescheidenheit, wird häufig allein auf die Bekleidung der Frauen bezogen, die sich traditionell und ohne übermäßige Aufmerksamkeit auf sich zu ziehen, kleiden sollen. »Zniut« fordert aber darüber hinaus von einem Juden Mäßigung und

Bescheidenheit in allen Lebensbereichen, etwa durch »eine angemessene Sprache und Stimme, Höflichkeit gegenüber den Mitmenschen, Kleidung, Ehrlichkeit, Bescheidenheit in Bezug auf weltliche Güter, Geduld, Anstand und Respekt sowie Wertschätzung zwischen Ehemann und Ehefrau« (Berger 2014). Jeder Jude solle seinen Mitmenschen »spirituelle Harmonie, Vergnügen und damit Frieden, Sicherheit und Einheit« bereiten (ebd.).

Mäßigung im Islam

Der Islam ist weltweit die zweitgrößte Religionsgemeinschaft mit insgesamt 1,6 Milliarden Gläubigen. Er geht auf die Offenbarungen des Propheten Mohammed (570–632 n. Chr.) zurück, die im Koran zusammengefasst wurden. Der Koran ist nicht nur eine Vorschrift des religiösen Glaubens, sondern zugleich ein Gesetzbuch, das das Alltagsleben und das gesellschaftliche Miteinander regelt. Im Islam gibt es zwei Glaubensrichtungen: Etwa 90 Prozent aller Moslems gehören der Glaubensrichtung der Sunniten, die Übrigen der der Schiiten an.

Ausdruck findet Mäßigung im Islam insbesondere im Fasten. Der Islam fordert von den Gläubigen die Einhaltung eines Fastenmonats, des Ramadan. Ebenso wie in anderen Religionen dient die Selbstbeschränkung hier der Hinwendung zu Gott; denn Gott erwarte »für seine mannigfachen Gaben, die er für die Menschheit auf der Erdoberfläche ausgebreitet hat, als eine Gegenleistung und ein Preis, die Dankbarkeit« (Nursi 2014). Es heißt, wer im Ramadan wahrhaftig und voller Hoffnung faste, dem vergebe Gott auch seine vergangenen Sünden. Durch Verzicht sollen die Menschen in dieser Zeit zu sich selbst und zu Gott finden.

> »Solange der Mensch sich in Bezug auf Essen und Trinken zügellos verhält, erleidet er gesundheitlichen Schaden und vergiftet auch sein geistiges Leben, da er ohne auf die Speisevorschriften zu achten, alles zu sich nimmt, was er in die Hand bekommt. In diesem Zustand macht es sich das Ego schwer, dem Herz und Geist zu folgen. Es nimmt die Zügel wie ein Rebell in die Hand. Der Mensch verliert die Macht über sein Selbst; es erlangt die Macht über ihn.« (Ebd.)

Im Ramadan hingegen gewöhnt sich das Selbst mithilfe des Fastens an eine Art Diät, bemüht sich um Askese und lernt Gehorsam. In der Fastenzeit müssen die Gläubigen während des Tages auf jegliche Nahrungsaufnahme verzichten. Der Magen wird von Krankheit verschont, da ein Überessen vor dem Verdauen vermieden wird. Die Empfehlungen zur Beschränkung im Islam beziehen sich darüber hinaus aber auch auf sinnliche Eindrücke und umfassen den Verzicht auf Parfüm oder Tabak, aber auch das Verbot sexueller Beziehungen. Fasten und Verzicht dienen dazu, die ständige Anwesenheit Allahs zu spüren und hierdurch zu innerer Zufriedenheit zu gelangen. Der Mensch enthält sich beim Fasten des Erlaubten und entwickelt die Befähigung, Weisungen Folge zu leisten und das religiös Verbotene zu unterlassen.

Mäßigung im Hinduismus

Der Hinduismus ist mit rund einer Milliarde Anhängern die weltweit drittgrößte Religionsgemeinschaft. Seinen Ursprung hat der Hinduismus in Indien. Nach hinduistischer Glaubensvorstellung, die allerdings sehr vielschichtig und komplex ist, durchwandern Götter, Menschen und Tiere in einem durch ewige Wiederkehr gekennzeichneten Kreislauf, »Samsara« genannt, die Weltzeitalter. Hindus sind der Überzeugung, dass der Mensch entsprechend seinem Verhalten im Laufe seines Lebens ein gutes oder ein schlechtes Karma entwickelt und nach einem Gesetz von Ursache und Wirkung die jeweiligen Handlungen die zukünftige Reinkarnation und Erlösung beeinflusst. Der Glaube an die Reinkarnation geht davon aus, dass der Mensch sowie alle Lebewesen über ihren Tod hinaus in einem Kreislauf des Lebens weiterexistieren. Den Endpunkt in Form einer persönlichen Erleuchtung kann der Hindu insbesondere durch drei klassische Methoden erlangen: Bhakti-Yoga, die liebende Verehrung Gottes, Karma-Yoga, den Weg der Tat, sowie Jnana-Yoga, den Weg des Wissens. Mitunter wird hier auch noch ein vierter Ansatz genannt: der sogenannte Königsweg Raja-Yoga.

Neben kastenspezifischen Verhaltensnormen gibt es im Hinduismus auch allgemeine Regeln, die für alle Hindus in jeder Situation als Maßstab richtigen Verhaltens gelten. Zu diesen gehören laut dem

Gesetzbuch des Manu: »Gewaltlosigkeit, Wahrhaftigkeit, Verzicht auf unrechtmäßige Aneignung fremder Besitztümer, Reinlichkeit und Zügelung der Sinnesvermögen.« (Manusmriti zit. n. Malinar 2009, 243) Raja-Yoga ist der Pfad, der durch Selbstbeschränkung und Sinnesbeherrschung zur Vereinigung mit Gott führen soll. Dieser Pfad umfasst acht Stufen; Gebote (»Yama«), Prinzipien der Lebensführung (»Niyama«), Einübung bestimmter Körperhaltungen (»Asana«), Beherrschung der Atemwinde (»Pranayama«), Zurückziehen der Sinnesvermögen von den Sinnesbereichen (»Pratyahara«), Festlegen des Denkens auf einen Bereich (»Dharana«), Meditation über den festgelegten Bereich (»Dhyana«) und völliges Versenken des Denkens in den Gegenstand (»Samadhi«). Die erste Stufe der »Gebote« umfasst fünf ethische Verhaltensregeln. In unserem Zusammenhang ist die Regel der Enthaltsamkeit (»Brahmacharya«) von besonderer Bedeutung. »Brahmacharya« bezeichnet eigentlich das »Wesentliche« oder das »Eine Wahre«; gemeint ist damit die Bewegung auf das Wesentliche hin. Konkret wird gefordert, dass der Yogi seine Beziehungen sowohl zu anderen Menschen als auch zu den Dingen auf eine Weise gestaltet, die seinem Streben nach höchster Weisheit förderlich ist. »Niyama«, die zweite Stufe des Raja-Yoga, bedeutet »Beachtung« und umfasst fünf Regeln der Selbstdisziplin. Hier ist für unseren Kontext »Tapas«, die Askese, von Bedeutung. Im eigentlichen Sinne geht es dabei um Körperbeherrschung und ein aufmerksames Üben des Körpers im Hinblick auf die Essgewohnheiten. Die hier geforderte Askese umfasst sowohl die Achtsamkeit des Essens als auch eine Übung in bewusstem Atmen mit dem Ziel der Verhinderung von Schlackenbildung, womit sowohl die Abwehr von Nahrungsgiftstoffen als auch die von psychischen Belastungen gemeint ist.

Ein wichtiges, mit dem Gebot der Mäßigung eng verbundenes Prinzip ist im Hinduismus die Gewaltlosigkeit beziehungsweise die Gewaltvermeidung. Das Prinzip der Gewaltlosigkeit resultiert einerseits aus dem Glauben, dass Gewalt negative Auswirkungen auf das nachfolgende Leben habe. Zum anderen ist man überzeugt, dass allen Lebewesen, also neben dem Menschen auch den Tieren und Pflanzen, ein unsterbliches Selbst innewohne. »Deshalb soll man anderen

Lebewesen so wenig Leid wie möglich zufügen und auf Gewalt verzichten.« (Malinar 2009, 245) Da das Prinzip der Leidvermeidung auch für einen selbst gilt und die Sorge um sich einschließt, gerät der Mensch in einen gewissen Widerspruch; denn um des Erhalts des eigenen Daseins willen ist er gezwungen, anderen Lebewesen Leid zuzufügen. Auch der Vegetarismus liefert dafür keinen Ausweg, da im Hinduismus auch die Elemente und die Pflanzen als lebendig gelten. Lediglich das religiöse Ritual beziehungsweise das Opfer ermögliche es, den Widerspruch zwischen der Vermeidung jeglicher Form von Gewalt und der Sorge um den Erhalt des eigenen Lebens aufzulösen. »Das Bewusstsein der wechselseitigen Abhängigkeit aller Lebewesen und der Tatsache, dass das eigene Leben auf dem Verzehr beziehungsweise der Nutzung von Tieren, Pflanzen und den Elementen gegründet ist, wird in den Ritualen immer wieder vergegenwärtigt und anerkannt. Deshalb soll man Leiden nicht vermehren, weder durch übermäßigen Konsum noch durch Willkür und Grausamkeit.« (Ebd.) Das Gebot der Mäßigung ist im Hinduismus sozusagen Teil eines kollektiven Lebensstils sowie Voraussetzung für die soziale Interaktion. Durch Mäßigung sollen »exzessiver Hedonismus oder Maßlosigkeit aller Art eingeschränkt werden« (ebd., 243). Zugleich verweist es

»auch auf eine generelle Orientierung des ›richtigen Lebens‹ an asketischen Werten bzw. an Konzepten der Erlösung. [...] Nur die Zügelung eines egoistischen, mit der Verwirklichung von Wünschen und Interessen beschäftigten Denkens führt zur richtigen Praxis.«

Die Sorge um den Erhalt der Welt (»Lokasamgraha«) solle deshalb, so Malinar, im Hinduismus die Orientierung an den eigenen Wünschen ersetzen.

Mäßigung im Buddhismus
Der Buddhismus ist vor etwa 2500 Jahren aus dem Hinduismus hervorgegangen. Er ist die Lehre von Buddha, dem sogenannten Erwachten. Dieser ist kein Gott im christlichen oder islamischen Sinn, sondern ein Mensch, der alles Irdische überwunden hat. Siddharta

Gautama, der spätere Buddha, wurde um 560 v. Chr. in Nordindien geboren. Er war ein Königssohn, löste sich aber aus seinem sozialen Umfeld und führte ein Leben in Askese. Er suchte die Grundlage für nicht vergängliches, dauerhaftes Glück und gründete einen Mönchs- und einen Nonnenorden. Heute zählt der Buddhismus ca. 450 Millionen Anhänger.

Nach buddhistischer Lehre entsteht Glück dadurch, dass man die Ursachen des Leidens beseitigt. Die Ursache allen Leidens bestehe in der menschlichen Gier:

>*In der Geldgier und im Streben nach immer mehr Konsum offenbart sich ein krankhaft umgelenktes Streben nach Glück. Es ist krank, weil es auf Unwissenheit beruht. [...] Nichtwissen, nach buddhistischer Analyse die eigentliche Ursache von Samsara, dem Kreislauf des Leidens, ist nicht einfach eine individuelle, womöglich psychologisch zu kurierende Fehlleistung. Das Nichtwissen ist die wirtschaftliche Wirklichkeit und ihre denkende, mediale und wissenschaftliche Reproduktion.*< (Brodbeck 2011, 2)

Wie anderen Religionen geht es auch dem Buddhismus bei der Forderung nach Mäßigung zunächst um die Konzentration auf den Sinn, die Wahrheit und die Reflexion sowohl über das individuelle Handeln wie über die gesellschaftliche Realität. Mäßigung zielt in diesen Lehren nicht auf die grundsätzliche Lösung gesellschaftlicher Probleme, wie beispielsweise der ökologischen Krise, die man zur Zeit der Entstehung der buddhistischen Lehre vor 2500 Jahren noch nicht kannte; vielmehr ist Bescheidenheit die Grundvoraussetzung, damit sich den Menschen der Blick für das Wesentliche eröffnet. Nur indem er sich von den unterschiedlichen sinnlichen, triebhaften oder gesellschaftlichen Verführungen und Verlockungen durch Mäßigung unabhängig macht, erlangt der Mensch die Erkenntnis über die wirklich wichtigen Dinge im Leben. Da es allerdings im Buddhismus keinen Schöpfer oder Gott gibt, zielt das Leben in Bescheidenheit ausschließlich auf das Glück des Subjekts. Der indische Yogameister und Weise Swami Sivananda schreibt über Mäßigung:

»Ein gemäßigter Mensch hält sich selbst in Maßen und in Grenzen. Er reguliert sein Essen und andere Dinge. Er ist maßvoll. Er ist vernünftig. Mäßigung ist der untrennbare Weggefährte der Weisheit. Mäßigung gibt dem Leben Anmut. Sie schenkt Langlebigkeit und gute Gesundheit. Die erlesensten Vergnügungen des Lebens liegen in der Mäßigung. Mäßigung oder Enthaltsamkeit ist das Einhalten der geeigneten Mitte zwischen den Extremen und der Mäßigung der Erregung und der Leidenschaft. Sie ist nicht so sehr eine Tugend an sich, sondern ein Mittel, um sie zu erreichen.« (Sivananda 2008)

Im Buddhismus geht es nahezu ausschließlich um das Glück und Wohlergehen der Menschen. Beides erlangen sie der Lehre entsprechend durch Bescheidenheit. Nur der bescheidene Mensch »bewegt sich glücklich und ist immer heiter. Er bewahrt sich vollkommene Gesundheit und hat größere Lebenskraft, Vitalität und Elan. Er erwirbt Langlebigkeit und Ruhe. Er erreicht spirituellen und materiellen Erfolg.« (Ebd.) Man könnte an der buddhistischen Lehre eine stark hedonistische Ausrichtung kritisieren, weil Buddhisten zunächst zuvörderst auf sich selbst bezogen und kaum sozial erscheinen. Diese Lehre ist jedoch gleichzeitig dadurch sozial, dass sie von den Menschen ein Leben der Mäßigung fordert und jegliche extreme Lebensstile und Gier, die, wie bereits aufgezeigt, höchst unsoziale Auswirkungen mit sich bringen können, ablehnt.

5.4 Mäßigung in Diskursen der Neuzeit

Die Neuzeit ist im Grunde genommen mit dem Paradigma der unbegrenzten Möglichkeiten angetreten. Der Mensch betrachtete sich im Übergang vom Mittelalter zur Neuzeit zunehmend als Subjekt der Geschichte, für das keine Grenzen und Beschränkungen gelten. Insofern stand Mäßigung in dieser Zeit zunächst nicht im Fokus ökonomischer, philosophischer und politischer Überlegungen. Zwar waren die Möglichkeiten der Menschen bis weit ins 20. Jahrhundert hinein beschränkt, und auch in der heutigen Zeit muss ein Großteil der Erdbewohner noch in Armut leben. Allerdings hat sich in den Industriegesellschaften ein System des Überflusses und der Verschwendung entwickelt, das zunehmend an die Grenzen von Ressourcen und Ökologie stößt. Mäßigung wird angesichts dieser Entwicklung von verschiedenen Denkern der Neuzeit wieder thematisiert. Aktuellere Überlegungen über die Tugend der Mäßigung stammen unter anderem von Ernst Friedrich Schumacher (1973, deutsch 1977; Die Rückkehr zum menschlichen Maß), von Georg Picht (2001; Das richtige Maß finden) oder von Hans Christoph Binswanger (2009; Vorwärts zur Mäßigung). Auch Wilhelm Schmid (2008; Ökologische Lebenskunst) und Nico Paech (2013; Befreiung vom Überfluss) fordern mehr oder weniger explizit Mäßigung im individuellen wie gesellschaftlichen Handeln.

Für Philosophen der früheren Neuzeit war das Thema Mäßigung eher randständig. Allerdings hat sich auch Kant in seinen Vorlesungen zur Moralphilosophie mit verschiedenen Dimensionen der Mäßigung auseinandergesetzt. Er reflektierte über Genügsamkeit und Mäßigung im Kontext von Geiz, Verschwendung und Sparsamkeit. Geiz sah Kant nicht unmittelbar im Zusammenhang mit Mäßigung; er betrachtete den Geizigen eher als einen defizitären Charakter. Dieser häufe lediglich ein Vermögen an, indem er im Hinblick auf ein künftiges Vergnügen immer wieder Verzicht leiste und sich so im Verzichten übe. Er entschädige sich allein mit dem Gedanken, er könne sich, wenn er nur wolle, diese oder jene Vergnügung leisten. Kant erläutert das Verhalten des Geizigen an einem Beispiel: »Daher gehen reiche Personen die geitzig sind schlecht gekleidet, denn sie achten die Kleider nicht, indem sie denken, sie können solche Kleider immer haben, weil sie doch das Geld dazu haben, sie dürfen nur wenn sie wollen sich Laken abschneiden lassen, und sich solche Kleider machen lassen.« (Kant 1770/2004, 261) Kant bezeichnete den Geiz als vernunftwidrig, weil sich der Geizige lediglich an der Anhäufung von Geld orientiere. Das Geld selbst sei jedoch kein Gegenstand des Wohlgefallens, sondern bloß ein Mittel. Allgemein sähen Menschen das Geld als den Gegenstand des größten Vergnügens an, »in welchem alle übrigen Vergnügen und Gegenstände liegen« (ebd.). Dieser Gedanke ziehe den Geizigen ganz besonders in seinen Bann. »Dieses

Spiel geht täglich in dem Kopf des Geitzigen vor, es ist eine Illusion bey ihm.« (Ebd., 266) Deshalb bezeichnet Kant den Geizigen auch als »dummen Tropf«, der sich selbst um den Genuss betrüge und nicht einmal wisse, dass er gelebt hat (ebd., 269).

Der Verschwender im Kontrast zum Geizigen kommt bei Kant keineswegs besser weg: Er ist ein »liebenswürdiger Thor«, weil er auf Kosten der Zukunft im Hier und Jetzt genieße. Den Unterschied zwischen Geizigem und Verschwender sieht Kant darin, dass Ersterer sich des gegenwärtigen und Letzterer sich des zukünftigen Lebens beraube (vgl. ebd. 269). Beide verfehlten das rechte Maß.

Auch die Sparsamkeit, die man im Prinzip vielleicht eng verwandt mit der Mäßigung sehen könnte, betrachtet Kant kritisch. Die Sparsamkeit sei keine besondere menschliche Leistung und im Gegensatz zur Genügsamkeit auch keine Tugend; denn zum Sparen sei weder Geschicklichkeit noch Talent erforderlich: »Geld ablegen kann auch der Dümmste.« (Kant 1770/2004, 268) Genügsamkeit, die Kant in Mäßigung und gänzliche Entschlagung unterscheidet, sei hingegen tugendhaft. Dabei ist es seiner Meinung nach aber leichter, auf etwas ganz zu verzichten, als sich zu mäßigen. Denn wenn »man was entsagt, so hat man noch nichts empfunden, wenn man sich aber mässigen soll, so muß man vorher schon was genossen haben, also sind da schon die Appetite angefeuert, demnach ist es schwerer sich dessen zu enthalten, was man schon zum Theil genossen hat, als etwas gäntzlich zu entsagen« (Ebd., 270). Dieser Kant'sche Gedanke mag auch erklären, warum es den Menschen in unserer Gesellschaft so schwerfällt, sich trotz drohender Katastrophen zu mäßigen.

Ende der 1970er Jahre setzte sich der Philosoph Georg Picht mit der Frage nach einem Begriff des rechten Maßes auseinander. Wie bereits erwähnt, orientieren sich seine Überlegungen an der Ökologie, die er als »Erkenntnis des immanenten Maßes der Natur« bezeichnete (Picht 2001, 14). Er kritisiert, dass die Menschen das »Augenmaß« für die Gleichgewichtsverhältnisse verloren hätten, die allerdings Grundlage für ihre Existenz seien. Zwar hätten sie mittlerweile bereits Prozesse entfesselt, die irreversibel bisherige Gleichgewichtsverhältnisse zerstören; aber es sei noch nicht zu spät, an die alte Weisheit zu erinnern, dass nichts in der Natur Bestand haben könne, was sich nicht innerhalb seiner spezifischen Maße halte, und dass Individuen, Gesellschaften und Imperien zugrunde gingen, wenn sie ihr Maß überschreiten (ebd., 15). Picht stellt fest, dass der Mensch lernen müsse, dass die Befreiung aus einer bestimmten Ordnung der Maßverhältnisse ihn nicht von dem Gesetz entbinde, dass Leben nur in Maßen möglich ist. Platon rezipierend, weist Picht darauf hin, dass, was in Richtung auf das Zuviel oder das Zuwenig aus seinem Maß heraustrete – das »ametron« –, zugrunde gehe und ebendadurch, dass es untergehe, den Beweis für die Wahrheit und gleichzeitige Unverfügbarkeit der Maße liefere. Die Menschen hätten sich durch ihren Erfindungsgeist der nackten Notdurft entzogen und komplizierte Kultursysteme errichtet, in denen sich für ihre Begierden ganz neue Möglichkeiten eröffnen. Sie lebten heute im Überfluss und hätten eine Eigendynamik entfesselt. Dabei habe sich gezeigt, dass die Menschheit aus sich selbst heraus weder Maße noch Grenzen kenne, sondern zu einer schrankenlosen Expansion der Bedürfnisse und der zu ihrer Verwirklichung erforderlichen Machtmittel dränge. Dieser Expansionsdrang führe nach außen hin zu Krieg und nach innen zu einem das Gemeinwesen zerstörenden Widerstreit der Interessen.

> »Aus diesem unaufhaltsamen Prozess lässt sich lernen, dass die immanente Maßlosigkeit der Bedürfnisse, der Ansprüche und der Begierden zur Zerstörung der Oikoi und damit auch zu Selbstzerstörung der von ihnen angetriebenen Individuen führt; es lässt sich lernen, dass das menschliche Leben an die Einhaltung von Maßverhältnissen gebunden ist, die menschlicher Verfügungsgewalt entzogen sind und von den Menschen selbst nicht gesetzt werden können.« (Picht 2001, 21)

Die Erhaltung der Menschen hänge deshalb davon ab, ob sie lernten, »die ihnen unverfügbaren Machtverhältnisse der Natur zu erkennen und sich in sie zu schicken« (ebd.). Picht macht deutlich, dass Mäßigung als die Suche nach dem rechten Maß der Natur bei gleichzeitiger Unverfügbarkeit dieses Maßes ein permanenter Auftrag an die Menschheit sei. Wenn der Mensch diese Zukunftsaufgabe nicht erkenne, werde er zugrunde gehen.

Schon frühzeitig nach den ersten Erkenntnissen von aufkommenden Grenzen des Wachstums zu Anfang der 1970er-Jahre wies der britische Ökonom Ernst Friedrich Schumacher darauf hin, dass Wirtschaft und Technik in der Industriegesellschaft wieder zu einem menschlichen Maß zurückkehren müssten (Schumacher 1977). Schumacher zeigte auf, dass der Kampf gegen die zunehmende Zerstörung der natürlichen Lebensgrundlagen niemals erfolgreich sein könne, wenn die Produktions- und Konsumformen weiterhin so umfangreich und gewalttätig blieben und sich nicht in die ökologischen Maßstäbe der Erde einfügten. Er war davon überzeugt, dass, solange es in der Industriegesellschaft keine Vorstellung davon gibt, dass ein Genug gut und ein Zuviel von Übel sei, man den Raubbau an der Natur nicht beschränken könne (vgl. Schumacher 1977, 264 f.). Er propagierte eine am Buddhismus orientierte Wirtschaftspolitik, die sich an den vor Ort verfügbaren Mitteln orientieren solle, mit denen die dort vorhandenen Bedürfnisse zu befriedigen seien. Die Abhängigkeit von der Einfuhr von Produkten, die von weither kommen, und die sich hieraus ergebende Notwendigkeit, für die Ausfuhr an unbekannte, weit entfernt lebende Nationen zu produzieren, bezeichnete er als höchst unwirtschaftlich und nur ausnahmsweise zu rechtfertigen. Schumacher warb für eine Regionalisierung der Wirtschaft, die selbstverständlich nur funktionieren könne, wenn sich die Menschen in Produktion und Konsum auf die Ressourcen beschränkten, die ihnen in ihrem Lebensumfeld zur Verfügung stehen.

Der Ökonom Hans Christoph Binswanger fordert in seinen Überlegungen zu einer nachhaltigen Wirtschaft, denen er den Titel »Vorwärts zur Mäßigung« (Binswanger 2009) gab, ein neues Fortschrittsmodell. Er beschreibt das gegenwärtige Fortschrittsmodell als eine Wachstumsspirale, die sich auf Kosten der Naturressourcen immer mehr aufschaukelt und zwangsläufig irgendwann an Grenzen stoßen wird (siehe Abbildung 2). Die Menschheit stehe deshalb vor der großen Herausforderung, eine »sich kumulierende ökonomische und ökologische Verschuldung rechtzeitig zu bremsen« (ebd., 25).

Die einzige Alternative zum gegenwärtigen Wachstumszwang, dem die Industriekultur unterliege, sei Schrumpfung. Der Mäßigungsprozess bestehe darin, dass man sich »mehr einer Qualifizierung des Reichtums als der Steigerung seiner Quantität widme, um so, wenn auch in quantitativ bescheidenerer Weise als bisher, reich zu bleiben« (ebd.).

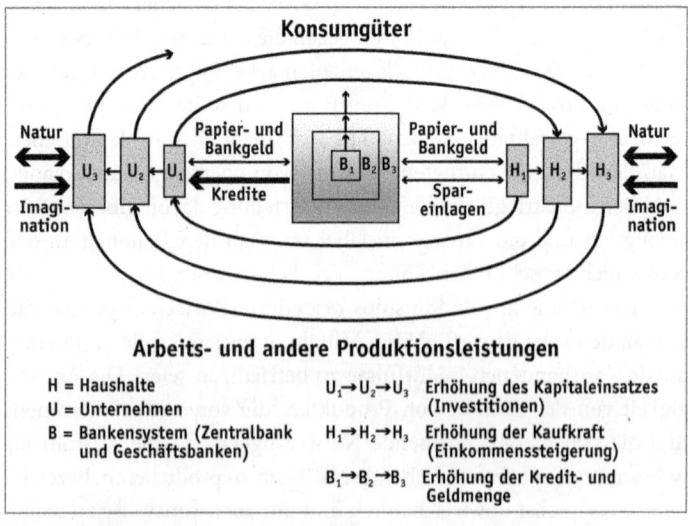

Abb. 2: Die Wachstumsspirale (Binswanger 2009, 20)

Mittlerweile liegen Gedanken zu mehr Genügsamkeit im Trend der Zeit. Die Menschen, von der Komplexität der Multioptions- und Beschleunigungsgesellschaft durcheinandergewirbelt, gestresst und krank gemacht, sehnen sich nach einem einfacheren Leben. Und der Markt bedient dieses Bedürfnis mit einem großen (Über-)Angebot an Sachbüchern, Magazinen und Zeitschriften. Diese gehen oft den gleichen Fragen nach, wie sie sich bereits vor 2500 Jahren den antiken Philosophen stellten: ob nicht ein Weniger letztlich für die Lebensqualität der Menschen ein Mehr bedeute. Schlaglichtartig zeigen die Publikationen auf, wie Menschen Wege aus dem zunehmend belastenden Überfluss und der Überforderung finden können (vgl. zum Beispiel

Der Spiegel Wissen 5/2015). In Zeitschriften werden vor allem Fragen nach einer Konzentration aufs Wesentliche, nach einer Balance zwischen dem Zuviel und dem Zuwenig im Konsum oder auch ganz allgemein zu einem rechten Maß im Lebensvollzug diskutiert. Berichtet wird von Projekten und Menschen, die einen bescheideneren Lebensstil praktizieren oder in einer Welt der Verschwendung versuchen, durch Mäßigung Widerstand zu leisten (vgl. ebd.). Bei der Durchsicht der Zeitschriftenlandschaft, die für sich eine durchaus aktuelle Form von Mäßigungsphilosophie repräsentiert, entsteht der Eindruck, als müsse sich die Gesellschaft von einer Zwangsneurose befreien.

Suffizienz

Im Nachhaltigkeitsdiskurs hat sich für die Suche nach dem rechten Maß ein neuer Begriff etabliert, der der »Suffizienz«. Er wurde von Wolfgang Sachs erstmalig 1993 verwendet und als »Entschleunigung, Entflechtung, Entkommerzialisierung und Entrümpelung« definiert (Sachs 1993). Der Ausdruck stammt vom lateinischen »sufficere«, das »ausreichen« bedeutet, und wird im Nachhaltigkeitsdiskurs als die Frage nach dem rechten Maß in Bezug auf Verzicht, (Selbst-)Begrenzung und auch Askese gesehen. Ebenfalls wird die Forderung nach Entschleunigung und im weiteren Sinne Entrümpelung von Überflüssigem mit diesem Ausdruck verbunden. Bei der Suffizienz geht es ebenso wie bei dem Ziel der Mäßigung um die Förderung einer der ökologischen Krise angemessenen moralischen Verhaltensweise.

Scherhorn beschreibt die Logik der Suffizienz mit der Regel, »von mehreren Zielen, die allesamt wichtig sind, keines zu maximieren, sondern für jedes das rechte Maß zu suchen, um sie in Balance zu bringen« (Scherhorn 2002, 15). Diese Logik erinnert sehr an die Erklärung der Kardinaltugend Mäßigung, wie sie bereits bei Aristoteles nachzulesen war. Das rechte Maß liegt zwischen dem Zuviel und dem Zuwenig, in einem Gleichgewicht zwischen den Extremen. Dieses Gleichgewicht ist keineswegs festgelegt und für jeden Menschen gleich, sondern das Ergebnis eines permanenten Suchprozesses. Gesellschaftlich und politisch betrachtet, sollte es das Ergebnis eines gesellschaftlich geführten Diskurses sein.

Der Ausdruck »Suffizienz« hat große Bedeutungsüberschneidungen mit dem Begriff »Mäßigung« und der Suche nach einem richtigen Maß im Leben und im Verhältnis zur Umwelt. Deshalb kann man sich fragen, warum man im deutschen Sprachraum überhaupt einen neuen Begriff wie den der Suffizienz brauchte; denn im Grunde ist mit der Forderung der Mäßigung und den vielfältigen philosophischen und auch religiösen Fundierungen dieses Ausdrucks alles gesagt, was auch eine nachhaltige Entwicklung erfordert. Sachs, der Wortschöpfer des Suffizienzbegriffs, bedauerte selbst, dass die »ehrwürdige Formel von der Mäßigung (temperantia) so mit Staubschichten überzogen« sei, »dass sie nicht mehr zu erkennen gibt, wo ihre Pointe lag: Das rechte Maß zu suchen ist keine Empfehlung für ein moralisch besseres, sondern für ein unabhängigeres Leben« (Sachs 2001, 3). Er wies selbst darauf hin, dass Mäßigung zum Versuch ermuntert, »den Kopf über der Flut der Optionen zu halten. Denn, so meinen die Klassiker, ein schönes und gelungenes Leben führt am ehesten jener, der sich nicht jedem Genuss an die Brust wirft, sondern seine Vergnügungen zu modulieren und im Auf und Ab der Zeit auszukosten versteht.« (Ebd.) Sachs stellt fest, dass eine solche Haltung in der Multioptionsgesellschaft an Aktualität gewinne. Dass er, anstatt die Staubschicht von der Tugend Mäßigung zu wischen, einen neuen, fremden und für viele Menschen erklärungsbedürftigen Begriff wie den der Suffizienz in den deutschen Sprachraum und den Nachhaltigkeitsdiskurs einbrachte, erscheint frag- und diskussionswürdig. War es bereits schwierig, den Nachhaltigkeitsbegriff im deutschen Sprachraum zu etablieren und bekannt zu machen, so wird vermutlich auch der Ausdruck »Suffizienz« nur im akademischen Diskurs und unter Experten eine gewisse Bekanntheit erreichen. Will man jedoch mit Begriffen auch eine Verhaltensänderung erzielen, erscheinen dieser Ausdruck und die hinter ihm stehende Theorie beziehungsweise Ethik, die in weiten Teilen mit der der Mäßigung identisch erscheint, kaum geeignet. Es nützt hierbei auch nichts, dass der Ausdruck »Mäßigung« kaum zum Zeitgeist passt, in dem man immer wieder möglichst neue Begriffe für alte Sachverhalte und Verhaltensregeln prägt und das Überkommene als »verstaubt« hinter sich lässt; denn gerade dieser Zeitgeist ist es ja, der angesichts der Krisen zu bekämpfen wäre. »Mäßigung« ist insofern ein Gegenbegriff und Gegenkonzept zu einer maßlosen Kultur. So werden wir oft sehr nützlicher Gedanken beraubt, nur weil die Wörter, welche sie ausdrücken könnten, durch irgendwelche Entwicklungen negativ besetzt sind. Der Nachhaltigkeitsdiskurs hätte jedenfalls nicht des Suffizienzgedankens bedurft; denn mit dem Ausdruck der Mäßigung ist bereits in der reichhaltigen Philosophiegeschichte dieser Tugend alles gesagt und gedacht worden, was im Suffizienzkonzept neu erscheint.

Minimalismus

In der letzten Zeit ist eine neue Bewegung entstanden, deren Zielsetzung man durchaus dem Gesamtkomplex der Mäßigung zuordnen kann: der Minimalismus. Er versteht sich als eine Kampfansage an die Überflussgesellschaft und den in ihr vorherrschenden Materialismus. Der Minimalismus ist eine Antwort auf die zunehmende Komplexität unserer Welt (vgl. Stampfl 2015). Der Soziologe Bernd Vonhoff beschreibt die hinter der Bewegung stehende Idee folgendermaßen: »Der freiwillige Verzicht auf Optionen vereinfacht Wahlentscheidungen und ermöglicht Selbstbestimmung.« (Vonhoff zit. n. Stampfl 2015) Die Bewegung erscheint zugleich als eine Therapie und Handlungsanweisung für die unter der Last der Warenmengen, des Überflusses und der Beschleunigung leidenden Menschen. Die Motive für einen minimalistischen Lebensstil sind sehr vielfältig. Einige wichtige Gründe scheinen zu sein, dass man sich von unnötigem Ballast befreien, Zeit einsparen, die Natur schützen oder auch einfach den Geldbeutel schonen möchte. Sicherlich geht es aber den meisten Vertretern um Konsumkritik und die Suche nach einer Alternative zur Wegwerfgesellschaft.

Die zahlreichen Zeitschriften und Bücher, die dieser Bewegung zuzuordnen sind, geben Ratschläge zur Abwehr von Marketingbotschaften der Industrie, zur Entledigung von Ballast oder zur Pflege eines sinnvollen Umgangs mit den Dingen. Im Zentrum der Philosophie des Minimalismus steht die (Rück-)Gewinnung der Kontrolle über die Gegenstände, die viele Menschen im Laufe der Zeit angehäuft haben (vgl. Jay 2016). Der Minimalismus ist aber auch, ähnlich der Suffizienz, ein Rekurs auf die Mäßigungsphilosophie, ohne auf diese erkennbar zu verweisen. In einem Zitat von John Naish, der ein »Manifest für den Minimalismus als Lebensstil« (Guardian zit. n. Naish 2008, Umschlagtext) geschrieben hat, dabei aber von »Genug« statt von Mäßigung spricht, ist die Orientierung an antiken philosophischen Vordenkern unverkennbar: »Die Kultur des Genughabens ist der Weg zu einer neuen Zufriedenheit. Es geht um das persönliche Gleichgewicht des Einzelnen, darum, dass jeder von uns seine Balance findet und den Punkt, an dem er genug hat. Gehen wir über diesen kritischen Punkt hinaus, bedeutet jedes Mehr ein Weniger an Lebensqualität.« (Naish 2008, 10) In diesem Zitat ist die Überführung alter Gedanken in eine neue Sprache offensichtlich. Man muss das Bemühen um eine neue Sprache um der Sache willen nicht unbedingt kritisieren. Aber der Minimalismus erscheint eher als eine kurzfristige Modeerscheinung ohne ganzheitliches Konzept für einen tragfähigen, zukunftsorientierten Lebensstil.

Die Ratgeber, die zum Thema Minimalismus erschienen sind, lesen sich wie ein Kontrastprogramm zu den Botschaften der Werbepsychologie: Man solle zunächst seine Beziehung zu den Gegenständen verändern, solle sie sich ansehen und sie befragen, was sie sind oder nicht sind und welchen Einfluss sie auf das eigene Leben haben. Diese Vorgehensweise solle der Prüfung dienen, ob die Güter da sind, um uns zu nutzen und nicht wir ihnen (vgl. Jay 2016, 20). Die Autorinnen und Autoren führen die Leser zur Erkenntnis, dass die Gegenstände, die man besitzt oder zu dessen Konsum man von der Werbung aufgefordert wird, zunehmend einen metaphysischen Charakter einnähmen, über den man reflektieren solle. Jay hat dafür einen umfassenden Fragenkatalog aufgestellt, mit dem man sein Eigentum prüfen soll (ebd., 25). Jeden Gegenstand, so fordert sie auf, solle man fragen: »Was bist du, und was machst du?«; »Wie bist du in mein Leben gekommen?«; »Habe ich dich gekauft, oder wurdest du mir gegeben?«; »Wie oft benutze ich dich?«; »Würde ich dich ersetzen, wenn du verloren oder kaputtgingst, oder wäre ich erleichtert, dich los zu sein?«; »Wollte ich dich ursprünglich überhaupt haben?«

Abschließend wird der Leser zur Ehrlichkeit aufgefordert; denn schließlich hätten Gegenstände keine Gefühle, die man verletzen könne (vgl. ebd.).

Einzelne Kapitelüberschriften lesen sich wie eine vor- oder nachsorgende Therapie gegen die Konsumsucht: »Du bist nicht das, was du besitzt«, »Weniger Sachen = weniger Stress«, »Weniger Dinge = mehr Freiheit«, »Sei ein guter Wächter!«, »Genieße, ohne zu besitzen« oder »Lebe bescheiden« (vgl. Jay 2016, 27 ff.). Viele dieser Aussagen erinnern an philosophische oder religiöse Überlegungen zur Mäßigung. Allerdings kommt der Minimalismus eher als eine Abwehr gegen kulturelle Fehlentwicklungen daher, als dass er eine positive Gegenkultur entwickelt. Viele Ratschläge wenden sich gegen den ständig wachsenden Konsum und das permanente Wachstum im Kapitalismus. Die Mäßigungsphilosophie, wie sie sich in den vergangenen Jahrtausenden entwickelt hat, liefert hingegen eher eine positive Lebensphilosophie, die mit dem Ziel verbunden ist, die Menschen möglichst von vornherein gegen vereinnahmende Verhältnisse zu stärken. Die Suche nach dem rechten Maß, die im Zentrum dieser Philosophie steht, fordert nicht ein Minimum, sondern einen harmonischen Weg zwischen einem Zuviel und einem Zuwenig. Dabei besteht immer die Möglichkeit, dass der Mensch die sogenannte goldene Mitte verfehlt und ständig auf der Suche nach dem richtigen Maß bleibt. Die Philosophie des Minimalismus könnte man eher mit einer Bulimie (Ess-Brech-Sucht) vergleichen, die den Menschen irgendwann überfordert, ihn unzufrieden oder gar krank machen kann. Weil ihm insgesamt eine Orientierung fehlt, besteht die Möglichkeit, dass er sich im Streben nach einem Weniger überfordert, irgendwann wieder zum Gegenteil tendiert und erneut in einen Konsumrausch verfällt.

Das Studium philosophischer und religiöser Schriften zur Mäßigung zeigt ebenso wie die Lektüre aktueller Ratgeber, dass zahlreiche Widersprüche im menschlichen Handeln und Verhalten, die bereits vor 2500 Jahren erkannt und kritisiert wurden, nichts an Aktualität eingebüßt haben: Die Rastlosigkeit der Menschen, ihr unreflektierter Aktionismus und das Streben nach mehr Gütern stellten offensichtlich in der gesamten Menschheitsgeschichte ein Problem dar.

Die Philosophen waren sich dabei bis in unsere heutige Zeit einig, dass die Vernunft nach einer rechten Mitte strebe und eine gewisse Gemütsruhe vermittele.

Die besondere Schwierigkeit in der Bestimmung eines rechten Maßes besteht darin, dass es für keinen Menschen und keine Kultur gleich und berechenbar ist. Das rechte Maß im Sinne einer dauerhaften, nachhaltigen Harmonie des Menschen im Umgang mit sich und seiner Umwelt bleibt ein ständiger Auftrag. Jeder Mensch und jede Kultur muss dieses Maß immer wieder neu bestimmen. Die vielfältigen Denktraditionen in Philosophie und Religion belegen nicht nur diese besondere Bedeutung. Sie liefern zugleich wichtige Hinweise für die Lösung der gegenwärtigen Krisen.

Kapitel 6

Warum fällt uns Mäßigung so schwer?

Oh Lord, won't you buy me a Mercedes Benz?

Janis Joplin

Lieber Gott, willst Du mir nicht einen Mercedes-Benz kaufen, damit ich gegenüber meinen Freunden, die Porsche fahren, aufholen kann, fragte Janis Joplin in ihrem berühmt gewordenen Song »Mercedes Benz« Anfang der 1970er-Jahre. In dem Songtext wird Gott angebetet, um die Konsumwünsche zu erfüllen. Es heißt dort weiter, man wünsche sich einen Farbfernseher und einen Abend in der Stadt. Man vertraue auf den lieben Gott, dass er alle Wünsche erfülle: »Ich zähle auf dich, Herr, bitte enttäusche mich nicht, beweise mir, dass du mich liebst.« Joplin rückt hier die Konsumgesellschaft in eine religiöse Dimension, in der die Waren zum Fetisch werden.

In der Kritischen Theorie, die das Werk von Karl Marx aktuelleren gesellschaftlichen Entwicklungen entsprechend rezipierte und reflektierte, war es der Soziologe Walter Benjamin, der den Charakter des Kapitalismus als »eine Religion aus bloßem Kult, ohne Dogma« (Benjamin 1992, GS Bd. VI, 100) bezeichnete. Für die Menschen in der heutigen Zeit erscheint der kapitalistische Drang nach immer mehr Konsum und Wachstum eine Naturgegebenheit. Ein quasireligiöses Ansinnen im Wirtschaftssystem ist kaum erkennbar. Die klassische ökonomische Theorie vertritt die anthropologische Grundannahme vom egoistischen Menschen mit den unbegrenzten Bedürfnissen. Diese wird als unhinterfragte Konstante im ökonomischen System vorausgesetzt. Die Verschleierung des quasireligiösen Charakters der Warenwelt in der Konsumgesellschaft ist aber eine mögliche Erklärung, warum es den Menschen so schwerfällt, sich zu mäßigen.

Karl Marx (1818–1883) hatte den Drang im Kapitalismus nach immer mehr Konsum dem Phänomen des Warenfetischismus zugeschrieben. In seinem Hauptwerk »Das Kapital« bezeichnete er als Warenfetischismus das quasireligiöse dingliche Verhältnis der Menschen zu den Produkten, welche sie in arbeitsteiliger Produktion füreinander herstellen (Marx 1867/1977, Bd. I, 85). Dieses sei geprägt von einer besonderen Faszination, die der Besitz einer Ware auf sie ausübt. Der Käufer entwickelt die Vorstellung, immer mehr Gebrauchswerte um sich zu häufen, je mehr Waren er kauft, obwohl diese für ihn kaum noch einen Gebrauchswert haben. Die Entstehung des Warenfetischismus, der einen Erklärungsansatz für die Unfähigkeit kapitalistischer Gesellschaften zur Mäßigung liefert, erklärte Marx mit dem »eigentümlichen gesellschaftlichen Charakter der Arbeit, welche Waren produziert« (MEW 1956 ff., Bd. 23, 87).

Ein weiteres, entscheidendes Wesensmerkmal des kapitalistischen Wirtschaftssystems, das seine Unfähigkeit zur Mäßigung verdeutlicht, ist das permanente Streben nach Wachstum. Infolge der Warnung des Club of Rome vor den »Grenzen des Wachstums« waren zwar viele führende Politiker in den entwickelten Industrieländern stetig bemüht, eine Reduzierung des Rohstoff- und Naturverbrauchs anzustreben; aber Wirtschaftswachstum blieb zugleich und im paradoxen Widerspruch zu den unzähligen Maßhalteappellen erklärtes vorrangiges Ziel der Politik. Bis heute genießt Wirtschaftswachstum, das Streben nach dem »Immer-mehr«, in der politischen Auseinandersetzung oberste Priorität. Ohne Wachstum, so die Botschaft, ließen sich kein Wohlstand und Glück für die Menschen erzielen.

Nach Jahrzehnten eines stetigen wirtschaftlichen Wachstums und einer ständigen Zunahme des Warenangebots stellen wir zwar mittlerweile »eine Abflachung der Wachstumskurven, einen Anstieg der seelischen Erschöpfungszustände und eine ökologische Überforderung« (Minkmar 2015, 85) in den Industrieländern fest. Trotzdem gelingt es im Kapitalismus, der sich zur globalen Leitkultur ausgebreitet hat, nicht, sich vom Wachstumsparadigma zu lösen. Und nichts scheint den in diesem Wirtschaftssystem lebenden Menschen schwerer zu fallen, als sich zu mäßigen.

Bislang ist es dem kapitalistischen Wirtschaftssystem immer wieder gelungen, Kritik und Krisen abzuwehren. Auch gegenwärtig ist es nicht so, dass die aus der ökologischen Krise resultierenden Sparsamkeits- und Maßhalteappelle vom Kapitalismus ignoriert würden. Vielmehr hört man solche Appelle täglich in der Werbung; denn paradoxerweise hat sich selbst das Streben nach Mäßigung und Sparsamkeit im Kapitalismus immer mehr zu einem Wachstumsmarkt entwickelt. Produkte wie Autos, Elektrogeräte oder Leuchtmittel lassen sich mit dem Argument besser verkaufen, dass sie im Vergleich zu älteren Produktgenerationen weniger Energie und/oder Ressourcen verbrauchen und dadurch einen Beitrag zur Mäßigung leisteten. Der Kauf sparsamerer Produkte, die in immer kürzeren Zyklen ältere Produktgenerationen ablösen (sollen), verweist den Nichtkonsumenten, der sein vielleicht 20 Jahre altes, spritfressendes, aber noch sehr gut funktionierendes Fahrzeug nicht gegen ein neues eintauschen mag, in die Ecke der Umweltfrevler und Verschwender wertvoller Rohstoffreserven. Mit solch vermeintlich maßlosem Verhalten will ihm die Werbung ein schlechtes Gewissen einflößen. Dabei stellt sich häufig die Frage, ob nicht gerade derjenige, der alle drei Jahre ein neues, vermeintlich sparsameres Auto kauft, einen weit exzessiveren und verschwenderischeren Lebensstil pflegt. Der Schweizer Ökonom Hans Christoph Binswanger hat festgestellt, dass man die ökologischen Probleme nicht durch mehr Ressourceneffizienz bei gleichzeitigem Wirtschaftswachstum lösen kann, weil »das Wachstum die Einsparungen überkompensieren« wird (Binswanger 2012). Die wachsende Effizienz selbst treibe das Wirtschaftswachstum an, und der Ressourcenverbrauch und die damit verbundene Umweltbelastung würden in der Folge trotz technischer Verbesserungen immer weiter steigen (vgl. ebd.).

Das kapitalistische Wirtschaftssystem ist untrennbar mit dem Wachstumsparadigma verknüpft, und kapitalistische Industriegesellschaften haben sich so organisiert, dass Maßlosigkeit in der Ausbeutung der Natur einen Wesenskern und die Antriebsfeder des Systems darstellen. Die Frage, warum sich kapitalistische Gesellschaften nicht vom Wachstumszwang befreien können, erklärte Theodor W. Adorno (1903–1969) mit der Undurchdringlichkeit von echten und falschen Bedürfnissen, die seiner Auffassung nach wesentlich zur gegenwärtigen Gesellschaft gehören (vgl. Adorno 1955). Der gesellschaftliche Zustand erhält sich durch ein subtiles Vorgehen aufrecht. Fred Hirsch rezipierend, stellt Iring Fetscher fest, dass dieser Zustand durch das Bedürfnis der Individuen selbst vermittelt werde: Die erzeugten Bedürfnisse nach »positionellen Gütern« zwängen die Menschen, »für illusionäre Ziele immer weiter zu arbeiten, obwohl längst ein ›befriedeter‹ und ›befriedigender‹ Zustand erreicht werden könnte, der allerdings die Beseitigung bestehender Privilegien voraussetzen würde. Indem über die Qualität der vorhandenen Bedürfnisse nicht hinausgegangen werden kann, schwindet die Perspektive einer ›Transzendenz der gegebenen sozialen Realität‹ aus dem Blickfeld« (Fetscher 1985, 157). Die Erklärung der Kritischen Theorie für die Maßlosigkeit im Kapitalismus lautet, dass die Gesellschaft den »immanenten Bedürfnissen weithin die Befriedigung versagt, dafür aber die Produktion durch den Verweis eben auf die Bedürfnisse in ihrem Bannkreis festgehalten« habe (Adorno 1955, 132). Den »Schund«, der den Menschen von der Kulturindustrie geliefert werde, und die »jämmerliche Erstklassigkeit«, die ihnen die übrige Konsumgüterindustrie zur Verfügung stelle, benötigten die Menschen nur in einer Welt, welche sie »auf die Reproduktion der Arbeitskraft zurichtet und ihre Bedürfnisse zur Harmonie mit dem Interesse von Angebot und gesellschaftlicher Kontrolle zwingt« (ebd., 131 f.). Die Reproduktion des Lebens und dessen Unterdrückung bildeten eine Einheit, die zwar als Gesetz des Ganzen, doch nicht im Einzelnen durchschaubar sei. Der Zwang, »fürs Bedürfnis in seiner durch den Markt vermittelten und dann eingefrorenen Form zu produzieren«, der mit dem permanenten Streben nach Wachstum einhergehe, ist das Hauptmittel, »alle bei der Stange zu halten« (ebd.). Dabei dürfe, so Adorno, »nichts gedacht, geschrieben, getan und gemacht werden, was über einen Zustand hinausginge, der sich weitgehend durch die Bedürfnisse der ihr Ausgelieferten an der Macht hält« (ebd.).

Der Soziologe Rolf Haubl stellt fest, in der entwickelten Konsumgesellschaft würden nicht nur Güter als Waren produziert, »sondern gleichzeitig wird auch der Versuch unternommen, die Bedürfnisse zu produzieren, die eine steigende Nachfrage nach den betreffenden Waren sichern« (Haubl 2009, 3). Psychostrukturell setze dies Konsumenten voraus, die keine dauerhaften Bindungen an Güter entwickeln, sondern stets bereit seien, sogar gebrauchsfähige alte Güter durch neue zu ersetzen (ebd.). Eine nähere Betrachtung des hier von Haubl verwendeten Fachterminus »psychostrukturell« liefert Aufschluss über die Fragestellung, warum dieser Gesellschaft Mäßigung so schwerfällt. Für ihre Existenz und ihren Erfolg schafft die Konsumgesellschaft Strukturen, die die Psyche der Menschen im Hinblick auf die Versorgung mit Gütern grundsätzlich unbefriedigt lässt. Der ideale Konsument sollte mit dem, was er hat, möglichst permanent unzufrieden und unglücklich sein; denn sobald er zufrieden und glücklich wäre, würde er keine neuen Güter benötigen, was wiederum der Wirtschaftsentwicklung abträglich wäre. Ein solcher Konsument würde sich kaum bemühen, noch funktionsfähige alte Güter durch neue zu ersetzen. Deshalb ist die Konsumgesellschaft immerzu bestrebt, unzufriedene Konsumenten zu erzeugen. Aus dieser Perspektive wird die Konsumgesellschaft immer auch eine Wegwerfgesellschaft sein, die sich mit keinem Maß an Gütern zufriedenstellen lässt und die dadurch immer mehr Müll erzeugt.

Die Unfähigkeit der kapitalistischen Konsum- und Industriegesellschaft zur Mäßigung, so die Marx'sche Theorie, hänge eng mit der vorherrschenden Entfremdung zusammen. Karl Marx, auf den die Entfremdungstheorie und die entsprechende Kritik an der kapitalistischen Wirtschaftsordnung wesentlich zurückgehen, sah vier Formen der Entfremdung:

1. Entfremdet ist das Verhältnis des Arbeiters zum Produkt der Arbeit als fremdem und über ihn mächtigem Gegenstand.

2. Entfremdet ist das Verhältnis zum Akt der Produktion innerhalb der Arbeit. Was der Arbeiter in der Arbeit macht, wird ihm vorgegeben.

3. Entfremdet ist der Mensch von sich selbst. Körper und Geist werden zum Arbeitsmittel.

4. Entfremdet ist der Mensch von anderen Menschen. Ebenso wie mit sich selbst hat der Mensch den Kontakt mit allen anderen

Menschen verloren. Er erlebt sich und die anderen so, wie man Dinge erlebt – ohne mit ihnen in eine produktive Beziehung zu treten.

Die Entfremdung, die Marx hauptsächlich, aber keineswegs ausschließlich auf die Arbeitsverhältnisse bezog, war eng verbunden mit der Entfremdung des Menschen von sich selbst, von seinen Mitmenschen und von der Natur. Die Folgen entfremdeter Verhältnisse und Beziehungen bestünden darin, dass die Menschen »die Welt und sich selbst wesentlich passiv, rezeptiv, in der Trennung von Subjekt und Objekt« erführen (Fromm 1963, 49). Fromm erläutert mit Marx, wie in entfremdeten Verhältnissen alle Werte entarteten:

> »Indem der Mensch die Wirtschaft und ihre Werte – ›den Erwerb, die Arbeit und die Sparsamkeit, die Nüchternheit‹ – zum höchsten Ziel des Lebens macht, versäumt er, die moralischen Werte zu entwickeln, den Reichtum an gutem Gewissen, an Tugend etc. ›Aber wie kann ich tugendhaft sein, wenn ich nichts bin, wie ein gutes Gewissen haben, wenn ich nichts weiß?‹ Im Zustand der Entfremdung ist jede Sphäre des Lebens, die Ökonomie und die Moral, unabhängig von der anderen.« (Fromm 1963, 57 f.)

Im Kapitalismus seien die menschlichen Bedürfnisse Ausdruck der entfremdeten gesellschaftlichen Verhältnisse und insofern nicht seine wahren Bedürfnisse. Marx hatte die theoretischen Zusammenhänge, die den Kapitalismus sozusagen zwangsläufig in die Maßlosigkeit treiben, gründlich analysiert und beschrieben. Seine nachfolgenden Ausführungen (Marx 1844/2016, 74 f.) haben auch aktuell eine sehr große Erklärungskraft für die Unfähigkeit des Kapitalismus zur Mäßigung und verdienen es deshalb in extenso zitiert zu werden:

> »Jeder Mensch spekuliert darauf, dem andern ein neues Bedürfnis zu schaffen, um ihn zu einem neuen Opfer zu zwingen, um ihn in eine neue Abhängigkeit zu versetzen und ihn zu einer neuen Weise des Genusses und damit des ökonomischen Ruins zu verleiten. Jeder sucht eine fremde Wesenskraft über den andern zu schaffen, um darin

die Befriedigung seines eigenen eigennützigen Bedürfnisses zu finden. Mit der Masse der Gegenstände wächst daher das Reich der fremden Wesen, denen der Mensch unterjocht ist, und jedes neue Produkt ist eine neue Potenz des wechselseitigen Betrugs und der wechselseitigen Ausplünderung. Der Mensch wird um so ärmer als Mensch, er bedarf um so mehr des Geldes, um sich des feindlichen Wesens zu bemächtigen, und die Macht seines Geldes fällt grade im umgekehrten Verhältnis als die Masse der Produktion, d. h., seine Bedürftigkeit wächst, wie die Macht des Geldes zunimmt. – Das Bedürfnis des Geldes ist daher das wahre, von der Nationalökonomie produzierte Bedürfnis und das einzige Bedürfnis, das sie produziert. – Die Quantität des Geldes wird immer mehr seine einzige mächtige Eigenschaft; wie es alles Wesen auf seine Abstraktion reduziert, so reduziert es sich in seiner eignen Bewegung als quantitatives Wesen. Die Maßlosigkeit und Unmäßigkeit wird sein wahres Maß. – Subjektiv selbst erscheint dies so, teils daß die Ausdehnung der Produkte und der Bedürfnisse zum erfinderischen und stets kalkulierenden Sklaven unmenschlicher, raffinierter, unnatürlicher und eingebildeter Gelüste wird – das Privateigentum weiß das rohe Bedürfnis nicht zum menschlichen Bedürfnis zu machen; sein Idealismus ist die Einbildung, die Willkür, die Laune, und ein Eunuche schmeichelt nicht niederträchtiger seinem Despoten und sucht durch keine infameren Mittel seine abgestumpfte Genussfähigkeit zu irritieren, um sich selbst die Gunst zu erschleichen, wie der Industrieeunuche, der Produzent, um sich Silberpfennige zu erschleichen, aus der Tasche des christlich geliebten Nachbarn die Goldvogel herauszulocken – (jedes Produkt ist ein Köder, womit man das Wesen des andern, sein Geld, an sich locken will, jedes wirkliche oder mögliche Bedürfnis ist eine Schwachheit, die die Fliege an die Leimstange heranführen wird – allgemeine Ausbeutung des gemeinschaftlichen menschlichen Wesens, wie jede Unvollkommenheit des Menschen ein Band mit dem Himmel ist, eine Seite, wo sein Herz dem Priester zugänglich; jede Not ist die Gelegenheit, um unter dem liebenswürdigsten Schein zum Nachbarn zu treten und ihm zu sagen: Lieber Freund, ich gebe dir, was dir nötig ist; aber du kennst die conditio sine qua non; du weißt, mit welcher Tinte du dich mir zu verschreiben hast; ich prelle dich, indem

ich dir einen Genuß verschaffe) –, sich seinen verworfensten Einfällen
fügt, den Kuppler zwischen ihm und seinem Bedürfnis spielt, krank-
hafte Gelüste in ihm erregt, jede Schwachheit ihm ablauert, um dann
das Handgeld für diesen Liebesdienst zu verlangen.«

Viele nachfolgende Erklärungsversuche, die Unfähigkeit des kapitalistischen Wirtschaftssystems zur Mäßigung zu ergründen, erscheinen
angesichts dieser Analyse von Karl Marx lediglich als Kopie. Unübersehbar ist das permanente Bestreben der untereinander konkurrie-
renden Personen, Unternehmen und Konzerne, den Menschen neue
Bedürfnisse zu verschaffen, sie zu neuen Opfern zu zwingen, um sie in
eine neue Abhängigkeit zu versetzen und sie zu neuen Genüssen und
damit in den ökonomischen Ruin zu führen. Die heutige Praxis der
Produktwerbung macht überdeutlich, wie sehr man mit den intelli-
gentesten psychologischen Mitteln Güter zu »Ködern« und zu »Leim-
stangen« macht, durch die der Konsument verführt wird und an denen
er kleben bleiben soll. Die Ursache sah Marx in den gesellschaftlichen
Verhältnissen. Der Mensch, der auf der von ihm beschriebenen Art
und Weise den entfremdeten Bedürfnissen unterworfen wird, sei
»ein ebenso geistig wie körperlich entmenschtes Wesen […], selbst-
bewußte und selbsttätige Ware« (MEW Bd. 40, 523). Erich Fromm
schreibt, dass dieser »Waren-Mensch« nur eine Art kenne, sich selbst
zur äußeren Welt in Beziehung zu setzen: indem er sie (die Welt) habe
und indem er sie konsumiere (gebrauche). Und je entfremdeter der
Mensch sei, desto mehr begründe der Sinn des Habens und Benützens
seine Beziehung zur Welt (vgl. Fromm 1963, 59).

In der Entfremdung werden Werte, Tugenden und das Gewissen
pervertiert. Das kann man in einem System, das den Menschen permanent den Eindruck von Freiheit und Selbstständigkeit vermittelt,
nicht auf Anhieb erkennen. Doch versuchen in dieser Gesellschaftsordnung die meisten Wirtschaftssubjekte anderen Menschen neue
Bedürfnisse zu verschaffen. Da aber zur Anschaffung von immer
mehr Gütern Geld notwendig ist, muss der Mensch im Kapitalismus
immer mehr verdienen, wird innerhalb dieses Prozesses aber selbst
innerlich und menschlich zunehmend ärmer. Marx hat diesen Pro-

zess folgendermaßen erklärt: »Je weniger du bist, je weniger du dein Leben äußerst, um so mehr hast du, umso größer ist dein entäußertes Leben, um so mehr speicherst du auf von deinem entfremdeten Wesen.« (Marx 1844/2016, 77)

Ohne einen Wandel der gesellschaftlichen Verhältnisse wird es deshalb dieser Argumentation zufolge auch keine Mäßigung geben können. Aufgrund des relativ langen Zeitraums, in dem sich die kapitalistischen Gesellschaften schon vor dem Hintergrund der ökologischen Krise erfolglos um eine Beschränkung des Ressourcenverbrauchs bemühen und die Forderungen nach Mäßigung immer wieder ganz oben auf der politischen Agenda stehen, erlangt diese Erklärung jedoch eine besonders überzeugende Relevanz.

Ob der aus der Stagnation und Widersprüchlichkeit der Produktionsverhältnisse resultierende Konflikt letztendlich gelöst werden kann, ist zum einen eine Frage der Macht, zum anderen aber auch eine Frage der Überwindung der ideologischen Manipulation der Unterprivilegierten in ihrer Situation. Eine realistische Einsicht in ihre prekäre Lebenslage und die tatsächlichen Ursachen ihrer Unzufriedenheit stellt sich bei Benachteiligten jenseits des Existenzminimums beziehungsweise innerhalb eines relativen materiellen Überflusses kaum noch von selbst ein. Wenn gleichzeitig der absolute – oftmals auch vermeintliche – materielle Wohlstand der Betroffenen ansteigt, werden die verschiedenen Formen der Benachteiligung, die sich nicht mehr allein im quantitativen Abstand (beispielsweise in der Summe des zur Verfügung stehenden Geldes), sondern zunehmend auch im qualitativen Bereich (»Gammelfleisch« für die Minderprivilegierten) zeigen, nicht mehr unmittelbar erfahren und lassen sich relativ leicht verdrängen. Ohne Auflösung des Antagonismus von Produktion und Konsumtion wird es der Gesellschaft nicht gelingen, sich vom Wachstumszwang zu befreien und sich zu mäßigen. Initiativen zur Lösung der gesellschaftlichen Naturkrise verlaufen im Sande, solange sie sich nicht radikal mit diesen Widersprüchen auseinandersetzen und ihre Auflösung durch Hinwirken auf eine Demokratisierung der Ökonomie beziehungsweise der Eigentumsverhältnisse in den Vordergrund der Bestrebungen stellen. Zur Überwindung der gegenwärtigen gesellschaftlichen Naturkrise wäre Hemmung im doppelten Sinne, nämlich Zurückhaltung gegenüber der Natur und Kontrolle der wirtschaftlichen Mechanismen, die zu ihrer Verwüstung führen, überlebenswichtig. Diese Hemmung würde eine behutsame, mäßigende Zurücknahme des Menschen selbst und ein reflektiertes Zurückschrauben der menschlichen Produktion bedeuten. Unter den Bedingungen der gegenwärtigen Widersprüchlichkeit der Produktionsverhältnisse ist jedoch weder eine solche Selbstbeschränkung noch eine gesellschaftliche Veränderung im Naturumgang zu erwarten.

Mäßigung im Naturverhältnis scheint im Fortschrittskonzept der Industriegesellschaften keine akzeptable Kategorie darzustellen. Dabei geraten sie in einen Grundwiderspruch zu ihren natürlichen Lebensgrundlagen, der darin besteht, »dass sie die Quellen ihrer Produktion maßlos ausschöpfen, aber nicht die Quellen, sondern das Schöpfgerät als produktiv ansehen; dass sie in unübertroffener Abhängigkeit von der Natur existieren, sich aber in vollkommener Unabhängigkeit von ihr wähnen; dass sie die Überwindung der Natur als gesellschaftlichen Erfolg definieren, ohne zu merken, dass dieser Erfolg zum physischen Schaden wird« (Immler 1990, 21). Die Maßlosigkeit propagiert die Industriegesellschaft immer wieder als großen Erfolg und übersieht dabei, dass dieser Fortschritt nur auf Kosten der Substanz funktioniert.

Das Bestreben in der Industriegesellschaft ist die Ablösung einer Produktgeneration durch eine neue in möglichst kurzen Zyklen. Der Umgang mit Textilien in vergangenen Zeiten verdeutlicht das Problem. Auch wenn der Umgang mit den Dingen einerseits den historisch bedingten geringeren technischen Möglichkeiten geschuldet war, zeugte er doch auch von einer besonderen Wertschätzung der Dinge:

»Abnutzung, Umnutzung, Wiederverwendung und Reparatur gehörten noch im 19., teilweise auch noch bis Mitte des 20. Jahrhunderts zur Alltagskultur. Der Umgang mit Gebrauchsgegenständen war Ausdruck einer allgemeinen Wertschätzung der Dinge, aber natürlich auch einer

Mangelsituation und der Tatsache, dass ein hoher Materialwert noch einem niedrigen Lohnniveau gegenüberstand. Bekleidung hatte einen Abstieg vom Sonntag zum Alltag zu durchlaufen. Bei ›guten‹ Kleidern wurde die Abnutzung durch das nur gelegentliche Tragen in Grenzen gehalten. War die Sonntagshose eines Jungen nicht mehr in gutem Zustand, konnte sie für längere Zeit noch als Schulhose dienen, bis sie abgenutzt war. Anschließend wurde die Hose nur noch am Nachmittag und schließlich als Arbeitskleidung verbraucht. Selbstverständlich war das Stopfen von Socken, von Pullovern etc., das Wenden von Kleidungsstücken, von Kragen und Manschetten. Das Aufribbeln von z. B. Handschuhen bis zur Beschädigungsstelle und neues Anstricken des schadhaften Teils wurden oft geübt, wie auch das Aufnähen von Flicken (die wiederum aus nicht mehr reparierbarem Stoff hergestellt waren). [...] In Zeiten, als noch durchgängig Schürzen getragen wurden, konnte man Flickstoff für den sonst noch guten Rock dort herausschneiden, wo die Schürze sitzt, und so passendes Flickmaterial für die abgenutzte Rückseite gewinnen. Aus einem gestrickten Pullover wurden Socken, Handschuhe oder ein Topflappen gefertigt. Aus Zucker- oder Mehlsäcken wurden Unterröcke und Schürzen. Kartoffelsäcke wurden zu Arbeitsschürzen oder dienten zusammengerollt als Dichtung an zugigen Türen.« (Reimers 1986, 7)

Der heutige Umgang mit den Dingen ist hingegen eher durch die Schnelllebigkeit eines Papiertaschentuchs zu charakterisieren. Sein Zweck besteht darin, in seiner einmaligen Begegnung mit der Welt zugrunde zu gehen (vgl. Anders 1986, 54).

Erich Fromm stellte einen historischen Vergleich des Umgangs mit den Dingen an und meinte, dass man früher allen Besitz hegte, pflegte und so lange nur irgend möglich benutzte. Die Dinge wurden erworben, um sie zu behalten, und das Motto lautete: »Alt ist schön!« Heute kaufe man, um wegzuwerfen. Die Devise laute verbrauchen, nicht bewahren: »Erwerben – vorübergehend besitzen und benutzen – wegwerfen (oder wenn möglich profitabel gegen ein besseres Modell eintauschen) bzw. aufs neue erwerben: das ist der Kreislauf; sein Motto lautet: ›Neu ist schön!‹« (Fromm 1980, 75) Einen Grund für diesen beschleunigten Stoffwechsel sah Hannah Arendt (1906–1975) in der Forderung nach einer funktionierenden modernen Wirtschaft. Diese Wirtschaft sei auf Arbeit und Arbeitende abgestellt und verlange, dass alle weltlichen Dinge in einem immer beschleunigteren Tempo erscheinen und verschwinden. Die Wirtschaft würde sofort zum Stillstand kommen, wenn Menschen anfingen, Dinge wieder wie früher in Gebrauch zu nehmen, sie zu respektieren und den ihnen innewohnenden Bestand zu erhalten:

> »Die Häuser, das Mobiliar, die Autos, alle Dinge, die wir benutzen und die uns umgeben, müssen so schnell wie möglich verbraucht, gleichsam verzehrt werden, als seien auch sie die ›guten Dinge‹ der Erde, die nutzlos verkommen, wenn sie nicht in den endlosen Kreislauf des menschlichen Stoffwechsels mit der Natur gezogen werden. Es ist, als hätten wir die schützenden Mauern eingerissen, durch welche alle vergangenen Zeiten die Welt, das Gebilde von Menschenhand, gegen die Natur abschirmten – gegen die zyklischen Naturprozesse, von denen die Welt umgeben ist, wie gegen den biologischen Kreislauf, der durch den Menschen mitten durch sie hindurchgeht –, mit dem Erfolg, daß wir den ohnehin bedrohten Bestand der menschlichen Welt den Naturprozessen preisgeben und ausgeliefert haben, vielleicht weil wir meinen, daß wir der Natur so absolut Herr geworden seien, daß wir der Welt, also einer spezifisch menschlichen Heimat innerhalb der irdischen Natur, entraten könnten.« (Arendt 1996, 149)

Der Technikphilosoph Günther Anders bezeichnete das Tempo, in dem die Industrie ihre Saisonmoden wechselt, als eine Maßnahme, durch die sich diese an der Haltbarkeit ihrer Produkte räche: »Den noch gut wärmenden Mantel macht sie, da sie ihn physisch nicht ruinieren kann, sozial unverwertbar. Die Mode ist die Maßnahme, die die Industrie verwendet, um ihre eigenen Produkte ersatzbedürftig zu machen.« (Anders 1986, 48) Von der »Flickkultur« vergangener Zeit hin zur Mode- und Wegwerfgesellschaft heutiger Prägung hat sich ein spezifischer Wandel im Umgang mit den Dingen herauskristallisiert, den man in folgende Stufen gliedern kann:

1. Der Mensch nutzt die Dinge nur noch selten um.
2. Der Mensch repariert/flickt die Dinge nur noch selten, wenn sie beschädigt sind.
3. Der Mensch nutzt die Dinge nicht mehr ab.
4. Der Mensch stellt Dinge her, die sich schnell verbrauchen.
5. Der Mensch stellt Dinge her, die nicht mehr zu reparieren sind oder deren Abnutzung schon bei der Produktion geplant wird.
6. Der Mensch stellt Dinge her, die sozial durch Modetrends unverwertbar werden.
7. Der Mensch stellt massenhaft Dinge her, die bereits repariert und damit geschichtlich aussehen.

Auf wichtige Aspekte der vorerst letzten Stufe der Entwicklungen wies Anders bereits sehr früh hin: Er beschrieb eine Bewegung,

>»die die Vorherrschaft ungeschichtlicher Objekte aufzuhalten versucht. Dabei habe ich nicht nur den schwunghaften Handel mit echten und die enorme Produktion von falschen Zeugen einer (zumeist rustikalen) Vergangenheit, der die meisten Käufer gar nicht entstammen, z. B. von gußeisernen Wirtschaftshausschildern, Petroleumlampen und dergleichen im Auge; sondern ein Phänomen, das noch dialektischer ist: Da Repariertes bereits Seltenheitswert besitzt, werden (und zwar von der Wegwerfindustrie selbst) ›repariert‹ und damit ›geschichtlich‹ aussehende Produkte hergestellt; Produkte, die um so dialektischer sind, als auch ihnen, obwohl sie nach Vergangenheit riechen sollen, ›Obsoleszenz‹ eingebaut wird.« (Anders 1986, 283. Hervorhebungen im Original)*

Betrachtet man die aktuelle Jeansmode, durch die geflickte, zerrissene oder abgeriebene Hosen zum Trend stilisiert werden, erkennt man die Weitsicht und Erklärungskraft dieser Analyse von Anders.

In einer aktuellen Studie mit dem bezeichnenden Titel »Geplanter Verschleiß« hat Christian Kreiß (2014) den von Günther Anders bereits frühzeitig erkannten Trend noch einmal bestätigt. Der Untertitel seiner Studie verweist auf die Frage, wie die Industrie uns zu immer mehr und immer schnellerem Konsum antreibt. Kreiß weist nach, dass unser Produktionssystem genau genommen auf den Kopf gestellt ist. Der ursprüngliche Sinn des Wirtschaftens sei eigentlich die Bedürfnisbefriedigung der Menschen, und alle Investitionsentscheidungen der Unternehmen sollten sich daran orientieren: Die Menschen müssten unbeeinflusst von Werbe- und Marketingkampagnen befragt werden, was sie wirklich brauchen oder wollen – auch unter Einbeziehung der sozialen und Umweltkonsequenzen. Und hierauf müssten die Investitionsentscheidungen aufbauen. In der Realität laufe der Prozess freilich genau umgekehrt ab:

> »In unserer Wirtschaftsordnung haben sich dagegen die Produktionsentscheidungen verselbstständigt und von den Grundbedürfnissen der Menschen immer weiter losgelöst. Die Wirtschaft selbst – das heißt Geld- oder Profitinteresse – entscheidet darüber, was die Menschen kaufen und wollen sollen, und drückt diese Meinung mit großem Ressourceneinsatz und Heeren von Marketing- und Vertriebsmitarbeitern in den Markt. Der Staat flankiert und unterstützt die Kapitalinteressen darin, indem die gesetzlichen und rechtlichen Grundlagen geschaffen werden, dass die Industrie so handeln kann, wie sie eben handelt.« (Kreiß 2014, 93)

Zahlreiche Folgen menschlicher Produktion sind heute extrem kurz, weil die Industrieprodukte nur eine geringe Lebensdauer haben. Die zerstörerischen Folgen für die Natur nehmen dadurch immer weiter zu. Die Frage ist, wer die Verantwortung für diese Entwicklung trägt. Es wurde bereits diskutiert, ob der Mensch sich mäßigen kann und unter welchen gesellschaftlichen Umständen er dazu in der Lage ist. Armin Grunwald hat die These formuliert, dass ökologisch korrekter Konsum eine Illusion sei (Grunwald 2012), weil die ökonomischen Verhältnisse den Menschen überfordern. Die Debatte um einen nachhaltigen Konsum, so notwendig er sei, schiebe »den individuellen Konsumenten eine Verantwortung zu, die sie weder tragen wollen noch können« (ebd., 13 f.). Es sei »eine gefährliche Illusion und bloßer Selbstbetrug, die Wende zur Nachhaltigkeit allein oder auch nur hauptsächlich von den Konsumenten und vom privaten Umwelthandeln zu erwarten« (ebd., 14). Durch Moralisierung, so sein Fazit, würden die Konsumenten mit Verantwortung überladen, während es sinnvoller wäre, sich neben einem nachhaltigen Konsum mehr auf politischer beziehungsweise zivilgesellschaftlicher Ebene zu engagieren (vgl. ebd., 113 ff.).

Unser heutiges, utilitaristisches Denken führt in eine Sackgasse. Weil der Mensch seinem Dasein keinen Sinn zu geben vermag, hat er sich in der Neuzeit selbst als Endzweck bestimmt, dem er die ganze Natur zu unterwerfen bereit ist. Die äußere Natur wird zum alleinigen Mittel menschlichen Daseins degradiert und hierdurch letztendlich zerstört. Das Defizit, das sich durch unseren Utilitarismus und die Verabsolutierung unseres Daseins in der Neuzeit eingestellt und zur gesellschaftlichen Naturkrise geführt hat, wurde durch die enorm angewachsenen Produktivkräften verschärft. Die heutigen technischen Möglichkeiten stehen in keinem Verhältnis mehr zu unseren moralischen Fähigkeiten und der Bestimmung eines rechten Maßes. Der Arzt und Philosoph Albert Schweitzer (1875–1965) stellte fest, dass die Menschen im Prozess der naturwissenschaftlich-technologischen Revolution in eine Situation gelangt seien, mehr zu bewirken, als sie verantworten können.

> »Wagen wir die Dinge zu sehen, wie sie sind. Es hat sich ereignet, dass der Mensch ein Übermensch geworden ist. Sein Übermenschentum besteht darin, dass er aufgrund seiner Errungenschaften des Wissens und Könnens nicht nur über die in seinem Körper gegebenen physischen Kräfte verfügt, sondern auch über solche, die in der Natur vorhanden sind, gebietet und sie in Dienst nehmen kann. [...] Der Übermensch leidet aber an einer verhängnisvollen geistigen Unvollkommenheit. Er bringt die übermenschliche Vernünftigkeit, die dem Besitz übermenschlicher Macht entsprechen sollte, nicht auf.« (Schweitzer 2008, 118 f.)

Ganz ähnliche Überlegungen hatte Günther Anders in den 1950er-Jahren formuliert:»Was uns heute – im Unterschied zu Faust – aufregen müsste, ist jedenfalls nicht, dass wir nicht allmächtig sind oder allwissend; sondern umgekehrt, dass wir im Vergleich mit dem, was wir wissen und herstellen können, zu wenig vorstellen und zu wenig fühlen können.« (Anders 1985/86, 269) Wir stünden als Fühlende noch immer »im rudimentären Heimarbeiter-Stadium«, in dem man zur Not noch »einen einzigen Selbsterschlagenen« bereuen könne. Als Tötende oder gar »als Leichenproduzenten«, so Anders angesichts des Holocaust, hätten wir hingegen »das stolze Stadium industrieller Massenproduktion erreicht«. Weil sich »die Leistungen unserer Herzen: unsere Hemmungen, unsere Ängste, unsere Vorsorge, unsere Reue im umgekehrten Verhältnis zum Ausmaß unserer Taten entwickeln [...] sind wir, sofern die Folgen dieses Gefälles uns nicht tatsächlich vernichten, die zerrissensten, die in sich disproportioniertesten, inhumansten Wesen, die es je gegeben hat« (Anders 1985/86, 269 ff.).

Es ist offensichtlich, dass die Diskrepanz zwischen den Möglichkeiten heutiger Naturbeherrschung und -zerstörung einerseits sowie der Fähigkeit, solche Veränderung wahrzunehmen und dafür Verantwortung zu übernehmen, andererseits dem von Schweitzer und Anders dargestellten Zusammenhang geschuldet ist. Durch die von Lessenich (2016) beschriebenen Externalisierungsstrategien der Industriegesellschaften werden die sozialen und ökologischen Risiken der Produktion und des Konsums heute immer mehr in die armen Länder der Welt verlagert und können dadurch noch effektiver verschleiert werden. Das Aufspüren und Bestimmen eines rechten Maßes ist angesichts dieser Situation eine gigantische moralische Herausforderung unserer Zeit.

Aus der großen Differenz zwischen unserer Fähigkeit zur materiellen Veränderung und unserem zurückgebliebenen beziehungsweise von den gesellschaftlichen Verhältnissen so geformten Unvermögen, die Wirkungen unseres Tuns zu erfühlen und zu verantworten, ergeben sich für die Bewältigung der Naturkrise Konsequenzen. Schweitzer sprach seinerzeit von einer »neuen Dimension von Verantwortung«. Seiner Auffassung nach sei Handlungsverzicht notwendig und partieller Wissensverzicht eine Voraussetzung (vgl. Schmidt 2000, 76). Anders forderte die Ausbildung einer moralischen Fantasie, um das »Gefälle« zu überwinden, und meinte damit, man müsse »die Kapazität und Elastizität unseres Vorstellens und Fühlens den Größenmaßen unserer eigenen Produkte und dem unabsehbaren Ausmaß dessen, was wir anrichten können, anmessen« (Anders 1985/86, 273). Ziel der Ausbildung moralischer Fantasie könnte die bewusste, aber nie abgeschlossene Bestimmung eines rechten Maßes im Mensch-Natur-Verhältnis darstellen. Mäßigung in diesem Sinne würde auch erfordern, die Menschen als Vorstellende und Fühlende mit ihnen als Machende und Konsumierende gleichzuschalten. Mäßigung im individuellen wie gesellschaftlich-kulturellen Lebensvollzug erfordert, dass Menschen und Kulturen ihr Handeln weit gründlicher reflektieren und mögliche Folgen antizipieren. Aber Mäßigung als Tugend kann gesamtgesellschaftlich nur dann eine hinreichende Überzeugungskraft gewinnen, wenn einsichtig und für die Menschen nachvollziehbar wird, dass Menschen und Kulturen, die sich aus Einsicht mäßigen, letztlich auch zufriedener und glücklicher sein werden.

Kapitel 7

Maßlosigkeit und Dummheit

Dummheit ist ein Struktureffekt der kapitalistischen Produktion.

Wolfgang Fritz Haug

Mäßigung ist der permanente und stets unabgeschlossene Versuch des Menschen, der Vernunft im Kampf gegen die menschliche Triebhaftigkeit und das Streben nach Lustgewinn zum Durchbruch zu verhelfen. In der Philosophie wird Mäßigung häufig mit Klugheit, das Gegenteil, die Maßlosigkeit, ebenso oft mit Dummheit in Verbindung gebracht. Um solche Zusammenhänge zu erhellen, sollte man sich über die Bedeutung der einzelnen Begriffe Klarheit verschaffen. Aus den Begriffsbedeutungen heraus lässt sich argumentieren, dass eine menschliche Existenz in Maßlosigkeit letztlich eine unreflektierte und dumme Daseinsform darstellt. Das gilt sowohl für das Individuum wie für Gesellschaften und darüber hinaus die Menschheit insgesamt.

Die Bedeutung des griechischen Ausdrucks für Mäßigung lautet »sophrosýne«. Dieser Begriff stammt von dem Wort »sophron« ab und bedeutete ursprünglich »von gesundem Verstande«. Bei Platon wird »sophrosýne« als die »Vernünftigkeit in Bezug auf die Lüste« beschrieben, und »Besonnenheit wird begriffen als ein ›Stärkersein‹ gegenüber der Triebnatur« (Fellsches 1990, 371). Bei Aristoteles richtet sich »sophrosýne« gegen die Zügellosigkeit »beim Essen, Trinken und dem, was man Aphrodisia (Liebesgenuss, T.V.)« nennt (Aristoteles 2006, 123). Der Besonnene, so Aristoteles, werde »mit Maß und wie man soll« (ebd., 125) nach solchen Genüssen streben, und zwar so, dass »das Begehrende […] mit der Vernunft« übereinstimmt (ebd.). Maßlosigkeit ist für Aristoteles insofern etwas, das nicht mit der menschlichen Vernunft übereinstimmt; denn »wenn die Begierden groß und heftig sind, dann vertreiben sie auch die Überlegung (logismos)« (ebd.). Daher müsse beim Mäßigen der begehrende Teil mit der Vernunft übereinstimmen, denn beide seien der Zielpunkt für das Angemessene (vgl. ebd.).

Das Wort »sophrosýne« steht, wie gesagt, für eine besonnene Gelassenheit. Der Besonnene besitzt einen gesunden Verstand, kann sich selbst auf das Gute und Wesentliche beschränken, sich zurückhalten und selbst beherrschen. Besonnenheit als Synonym für Mäßigung verweist auf ein reflektiertes Handeln, das zunächst nach Sinn und Zweck fragt und dabei Moralität in Entscheidungen einbezieht. Im Umkehrschluss führt der enge Zusammenhang zwischen Mäßigung und Besonnenheit zur Erkenntnis, dass Maßlosigkeit ein Phänomen der Unvernunft ist. Die Unfähigkeit, über das eigene Verhalten nachzudenken und es unter verschiedenen Aspekten und anhand von Kriterien zu beurteilen und gegebenenfalls zu revidieren, bezeichnet man auch als Dummheit.

Die Fähigkeit des Menschen zur Besonnenheit hängt eng mit der Entwicklung der Sprache zusammen. Erst die Sprache eröffnet dem Menschen die Möglichkeit zur Besinnung, das heißt zur Fähigkeit, die objektive Welt theoretisch zu benennen und sich ihr gegenüber vernünftig zu verhalten. Indem der Mensch von der Welt mithilfe von Sprache Abstand nimmt, sie also abstrahiert und über sie nachdenken kann, eröffnet er sich die Möglichkeit, über verschiedene Handlungsoptionen und deren Sinnhaftigkeit nachzudenken und zu sprechen. Aus dem Nachdenken kann im Ergebnis eine Antwort auf die Frage nach dem Sinn beziehungsweise dem sogenannten rechten Maß erwachsen. Fehlt bei Handlungen und Verhalten ein Nachdenken über die Sinnhaftigkeit, spricht man davon, dass der Mensch besinnungslos handele. Besinnungslosigkeit bedeutet, dass der Mensch ohne normalen Verstand und allein seinen Emotionen ausgeliefert, sozusagen »außer sich« ist.[7] Auch sinnverwandte Ausdrücke deuten darauf hin: »kopflos«, »ohnmächtig«, »unbändig« und eben »maßlos«.

---

7 Von der anderen Bedeutung des Ausdrucks »besinnungslos«, dass der Mensch, hervorgerufen durch äußere Einflüsse, etwa einen Schlag auf den Kopf, das Bewusstsein verloren hat, wird hier abgesehen.

Von Dummheit wird gesprochen, wenn die Theorie oder die menschliche Wahrnehmung nicht mit der Realität übereinstimmen. Platon lässt Sokrates im Theaitetos-Dialog von jemandem berichten, der, »um die Sterne zu betrachten, nach oben schaute und dabei in einen Brunnen fiel« (Platon zit. n. van Treeck 2015, 26). Eine »schlagfertige und tüchtige thrakische Magd« soll ihn deshalb »mit den Worten verspottet haben, dass er zwar darauf aus sei zu wissen, was am Himmel vor sich gehe, ihm aber verborgen bleibe, was in seiner Nähe und vor seinen Füßen liege« (ebd.). Unmäßigkeit und das permanente Streben nach dem Immer-mehr kann man ebenfalls als ein heutzutage viel praktiziertes »Greifen nach den Sternen« beschreiben. Dabei erkennt der Mensch nicht beziehungsweise blendet die Erkenntnis aus, auf welch schmalem Fundament sein Handeln geschieht und was er durch seine Maßlosigkeit in der Realität bewirkt. Das permanente Trachten nach dem »höher, schneller, weiter« vernebelt ihm den Blick auf die natürlichen Grundlagen des eigenen Handelns.

Platon beschreibt Dummheit als eine Be- oder Einschränkung. Solche Beschränkung »hängt davon ab, wer spricht und für das ›richtige‹ Leben Überlegenheit beansprucht oder über das ›falsche‹ in Gelächter ausbricht: Die Toren halten sich für ›Neunmalkluge‹ und diejenigen, die ihnen die Wahrheit sagen, für Narren« (Platon zit. n. van Treeck 2015, 26). Obwohl der Mensch weiß, dass ein unbegrenztes Wachstum bei begrenzten Ressourcen nicht dauerhaft funktioniert, werden diejenigen, die Mäßigung und Selbstbeschränkung fordern oder diese zu praktizieren versuchen, häufig insgeheim oder auch offen als naiv verspottet. Dabei handelt der Mainstream in unserer Kultur dumm im eigentlichen Sinne und müsste dafür an den Pranger gestellt werden.

In einer »unendlichen Geschichte« über die Dummheit weist van Treeck (2015) darauf hin, dass Dummheit in Mythen und Heldengeschichten häufig als selbst verschuldeter Schmerz, als schmerzlich empfundener Mangel und Antrieb zu dessen mühsamer Behebung sowie als Selbstüberhebung beschrieben wird. Er berichtet von einem Mythos der Winnebago-Indianer, in dem ein Schelm einen Büffel in eine Falle lockt, ihn tötet und ihm das Fell abzieht.

»*Dabei geraten seine Hände in Streit miteinander: Beide beanspruchen den Büffel für sich. Die rechte messerführende Hand droht der linken, sie bei weiteren Übergriffen in Stücke zu schneiden. Aus dem Zank wird ein blutiger Kampf, der dem Schelm bewusst macht, dass er ihn mit sich selbst führt: ›Ach, ach, warum habe ich das getan? Warum habe ich das nur getan? Ich habe mir selbst Schmerz zugefügt.‹ In der Klage über die gleichsam wie selbständige fremde Körper gegen-einander agierenden Hände und den dadurch sich selbst zugefügten Schmerz wird der Schelm auf das Problem aufmerksam, Handlungs-absichten und Körperfunktionen abzustimmen, sich als leibliche Ein-heit zu reproduzieren.*« (van Treeck 2015, 12)

Der Schelm schreibe sich die Schwierigkeiten in der Organisation des Körpers, die Fehlwahrnehmungen, das Versagen der Kräfte, ihre überflüssige Verausgabung, die Erfahrungen des Scheiterns und des Schmerzes als Dummheiten zu. Analog zur Interpretation dieses Mythos wäre Maßlosigkeit ebenfalls als Dummheit zu bezeichnen. Man kann an zahlreichen Beispielen verdeutlichen, dass Menschen sich durch einen Mangel an Mäßigung Schäden und Schmerzen zufü-gen. Und auch in der gegenwärtigen gesellschaftlichen Naturkrise wird offenbar, dass das ständige Streben nach mehr oft mit erhebli-chen Nachteilen verbunden ist.

In einem Entwurf zur Genese der Dummheit schreiben Max Hork-heimer (1895–1973) und Theodor W. Adorno, das Wahrzeichen der Intelligenz sei das Fühlhorn der Schnecke mit dem tastenden Gesicht (Horkheimer/Adorno 1975, 228). Dieses Fühlhorn der Schnecke, so erläutern sie, wird vor einem Hindernis sogleich in die schützende Haut des Körpers zurückgezogen; dabei wird es unmittelbar mit dem Ganzen eins und wagt sich als Selbstständiges erst nach einer gewissen Zeit wieder zaghaft und vorsichtig hervor. Wenn die Gefahr noch da ist, verschwindet das Fühlhorn aufs Neue, und der zeitliche Abstand bis zur Wiederholung des Versuchs vergrößert sich. Dummheit bezie-hungsweise fehlende Intelligenz ist in diesem Sinne ein Verhalten, das auf Gefahren nicht angemessen mit Vor-Sicht reagiert. Wider besseres Wissen läuft der Dumme immer wieder mit dem Kopf gegen die Wand.

In der christlichen Tugendlehre wird herausgestellt, dass Mäßigung mit gründlicher Überlegung und Reflexion zusammenhänge. Pieper weist darauf hin, dass es wohl keinen Satz der klassisch-christlichen Lebenslehre gebe,

> »der dem Ohr des heutigen Menschen, auch des Christen, so unver-
> traut, ja so fremd und wunderlich klingt wie dieser: dass die Tugend
> der Klugheit die Gebärerin und der Formgrund aller übrigen Kardinal-
> tugenden ist, der Gerechtigkeit, der Tapferkeit und der Mäßigung: dass
> also nur wer klug ist, auch gerecht, tapfer und maßvoll sein kann; und
> dass der gute Mensch gut ist kraft seiner Klugheit« (Pieper 1949, 253).

Die Klugheit informiert sozusagen die übrigen Tugenden und gibt ihnen die innere Wesensform. Das Nachdenken und die gründliche Überlegung bilden das Fundament für ein maßvolles Handeln.

Die Grundlegung aller Tugenden durch die Klugheit ist dadurch begründet, dass die Verwirklichung des Guten, das aller Tugendhaftigkeit zugrunde liegt, nur durch das Wissen um die Wirklichkeit möglich ist. Die Umformung wahrer Erkenntnis in kluge Beschlüsse erfolgt in drei Stufen: Überlegung, Urteil und Beschluss. Dieser Dreischritt hin zu einem moralischen Urteil des Menschen bildet die Grundlage der Moralentwicklung, wie sie auch in der Forschung (zum Beispiel bei Kohlberg, 1996) nachgewiesen wurde. Der Dreischritt liefert zugleich Ansatzpunkte für die pädagogische Arbeit, auf die später noch zurückzukommen sein wird.

Dummheit wird oft mit Wahnsinn in Verbindung gebracht. In der griechischen Stoa spielte das Verhältnis von Wahn beziehungsweise Weisheit und Mäßigung eine bedeutende Rolle. Die Stoiker bezeichneten jeden Toren als wahnsinnig, »da er über sich selbst und seine Umstände in Unwissenheit sei« (Stobaeus zit. n. van Treeck 2015, 30 f.). Seneca formulierte, dass, wer nach Wahnvorstellungen lebe, niemals reich sein werde; denn die Natur fordere nur wenig, »der Wahn Unermeßliches« (Seneca 1993, Bd. 3, S. 56). Max Horkheimer hatte die fehlende Einsicht in die Zusammenhänge unseres Tuns als »kollektiven Wahnsinn« bezeichnet, der »um sich greift, von den Konzentrationslagern bis zu den scheinbar höchst harmlosen Wirkungen der Massenkultur«, und der »im Keim schon in der primitiven Objektivation vorhanden war, in des ersten Menschen kalkulierender Betrachtung der Welt als Beute« (Horkheimer 1997, 165). Als heutige Wahnvorstellung könnte man das durch das ökonomische System determinierte naturwissenschaftliche Erkenntnismonopol bezeichnen, das in Industriegesellschaften über die Frage entscheidet, was Natur ist. Diese Wahnvorstellung hatte sich in der Zeit der Aufklärung im Prozess der Formalisierung der Vernunft entwickelt. Der Mensch setzte sich in dieser Phase sozusagen als gottgleiches Subjekt der Erdgeschichte ein. Dabei ging ihm die Anerkennung von Grenzen verloren. Er erklärte sich selbst als gottgleich und als Maß aller Dinge. Diese grenzenlose Überheblichkeit menschlicher Sicht wird ihm zunehmend zur Selbstgefährdung.

Schmid behandelt in seinen philosophischen Überlegungen zu einer ökologischen Lebenskunst (Schmid 2008) die Frage nach der ökologischen Klugheit. Ökologische Klugheit sieht er eng verbunden mit der Suche nach dem rechten Maß:

> »Da es ›reine‹ Lösungen für ökologische Probleme wohl kaum geben wird und viele dieser Probleme nicht auf menschliche Eingriffe überhaupt, sondern auf deren Ausmaß zurückgehen, kommt es für die ökologische Klugheit darauf an, das richtige Maß zu finden, zwangsläufig bezogen auf das menschliche Subjekt und gemessen am Maßstab der zu kalkulierenden Konsequenzen: Welcher Eingriff in bestehende Zusammenhänge ist unter dem Aspekt möglicher Rückwirkungen auf die menschliche Existenz selbst vertretbar unter welchen Bedingungen und bis zu welchem Punkt?« (Schmid 2008, 63)

Ökologisch klug handele man, wenn man die Grundlage seiner eigenen Existenz nicht ruiniere. Menschen können dieser Maxime sowohl im Kollektiv als auch individuell zuwiderhandeln, und es ist offensichtlich, dass ein Handeln gegen diesen Grundsatz dumm wäre. Die Dummheit besteht darin, dass der Mensch die Konsequenzen seines Handelns nicht hinreichend reflektiert.

Allerdings darf man dem Individuum nicht prinzipiell Dummheit unterstellen, wenn es entgegen diesem Grundsatz handelt und über Maßen konsumiert; denn die Beurteilung des eigenen Handelns ist, wie bereits an anderer Stelle dargelegt, im Kontext der Komplexität des Handlungsrahmens einer kapitalistischen Marktordnung sehr schwierig. Außerdem legen es die Produktanbieter darauf an, die zerstörerischen Folgen des Konsums ihrer Produkte zu verheimlichen. Selbst angestrengter journalistischer Recherche gelingt es nicht, den weitverzweigten Weg der Herstellung sowie die vielfältigen Folgen und Nebenfolgen von Produktion und Konsum aufzuklären. In einem Erfahrungsbericht zum Thema Konsum und Moral berichtet der Journalist Marcus Rohwetter von seinen Schwierigkeiten und den erlebten Widersprüchen im Streben nach einem moralisch unbedenklichen Konsum:

>»Ich will meine Gesundheit erhalten und deswegen die richtigen Eier kaufen. Natürlich will ich auch die armen Hühner nicht vergessen, die sie gelegt haben. Die Umwelt im Allgemeinen achten und das Klima im Besonderen. Den Verpackungsmüll reduzieren. Ich möchte die Arbeitsbedingungen auf äthiopischen Kaffeeplantagen zum Besseren beeinflussen, ebenso die Reproduktionschancen der Heringe vor der dänischen Küste, die Zukunft des indonesischen Regenwalds und das Leben der Hybridschweine im Stall von Bauer Peddersen im Landkreis Vechta. Der Nitrateintrag im oberflächennahen Grundwasser des ländlichen Niedersachsens soll nicht meinetwegen steigen und auch nicht die Stickstoffdioxidbelastung deutscher Innenstädte. Aber offen gestanden, wird mir das alles ein bisschen viel.« (Rohwetter 2017)*

Dieses Zitat zeigt, dass man ein moralisches Fehlverhalten nicht allein den Individuen zuschreiben kann. Der und die Einzelne sind überfordert, die unzähligen Probleme, die im System erzeugt werden, im alltäglichen Verhalten mit zu bedenken. Dummheit im Sinne von mangelnder Reflexion oder auch Unwissenheit kann man deshalb oft nicht einzelnen Individuen zuordnen; sie wird vielmehr von einem Kollektiv produziert, das sogar an dieser Verwirrung interessiert ist und damit sein Geschäft macht. W. F. Haug hat für dieses Phänomen den Ausdruck der »strukturellen Dummheit« geprägt: »Die ökonomisch-gesellschaftlichen Strukturen, die Regeln, denen sie folgen, die Metamorphosen, sind prima facie undurchsichtig und missverständlich. Dummheit ist ein Struktureffekt der kapitalistischen Produktion.« (Haug n. van Treeck 2015, 151) Dieser Struktureffekt gefährdet heute die natürlichen Lebensgrundlagen des Menschen. Die systembedingte Verdummung be- und verhindert die Erkenntnis der destruktiven Folgen einer maßlosen Produktion und Konsumtion.

Problematisch an der strukturellen Dummheit des kapitalistischen Systems im Hinblick auf eine nachhaltige Entwicklung und auf eine Überwindung der gesellschaftlichen Naturkrise ist, dass sie als eine Form des »Sich-selbst-Verbergens der Verhältnisse« auftritt und damit zugleich »eine Immunisierung gegen verändernde Eingriffe« bewirkt (van Treeck 2015, 153). Marx, der in Bezug auf die Probleme und Widersprüche des kapitalistischen Wirtschaftssystems bereits mehrfach rezipiert wurde, hat auch dieses Phänomen schon frühzeitig erkannt und Ursachen benannt: Die bürgerliche »Vulgärökonomie«, die »in der entfremdeten Erscheinungsform der ökonomischen Verhältnisse [...] sich vollkommen bei sich selbst fühlt«, trägt dazu bei, dass »diese Verhältnisse um so selbstverständlicher erscheinen, je mehr der innere Zusammenhang an ihnen verborgen ist« (MEW 1956 ff., Bd. 25, 825). Maßlosigkeit befindet sich also im Kapitalismus ähnlich der Aufdeckung der sozialen Verhältnisse im Zustand der Verschleierung. Das Konstrukt struktureller Dummheit liefert eine wichtige Erklärung dafür, warum sich unser gesellschaftliches und wirtschaftliches System trotz der mittlerweile offen zutage tretenden Gefahren nicht von der dauerhaften Maßlosigkeit befreien kann.

Kapitel 8

Zu einer Kultur der Mäßigung

Nichts im Übermaß.
Orakel von Delphi

Wie kann es nun einer Kultur, die stark auf eine unreflektierte Maßlosigkeit ausgerichtet ist, gelingen, ein rechtes Maß zu finden? Die
Bestimmung eines verbindlichen Maßstabs für menschliche Handlungen ist nicht möglich. Seit der Epoche der Aufklärung werden
Fragen nach einem Endzweck menschlichen Daseins und Handelns
immer seltener allgemeinverbindlich beantwortet. Lieferte in der Zeit
davor die Religion noch Vorstellungen über die Zielsetzung menschlichen Lebens und Handelns, gilt seit der Aufklärung zunehmend die
geübte Praxis, den Menschen als absolutes Maß aller Dinge anzuneh-
men. Allerdings führt dieser Maßstab immer weiter ins ökologische
Verderben, und es stellt sich die Frage nach einer alternativen Orientierung. Hans Jonas vertrat die Auffassung, dass als Ausgangspunkt
zur Aufstellung ethischer Prinzipien künftig nicht mehr die Bestimmung des Guten (»summum bonum«), sondern lediglich die Rekon-
struktion des – unter allen Umständen zu vermeidenden – Schlechten
(»malum«), der Zerstörung der natürlichen Lebensgrundlagen zu
gelten habe (vgl. Jonas 1984a, 57). Für ihn war es ethisch geboten, alles
zu vermeiden, was die Existenz der Menschheit gefährdet.

Das größte Problem bei der Umsetzung dieser Forderung ist, dass
man in der gegenwärtigen Situation Handlungsmaximen lediglich
von Prognosen eines Ereignisses ableiten kann, das *nicht* eintreten
sollte. Erfahrungslernen ist also in dieser Situation nicht mehr ausrei-
chend. Um hier eine neue ethische Orientierung zu gewinnen, wäre
es hilfreich, künftig die Unterscheidung von Mensch und Natur zu
relativieren und zwischen den Ansprüchen von Mensch und Natur

gründlicher abzuwägen. Dabei würde die destruktive Seite menschlichen Handelns stärker als bisher in das Blickfeld rücken. Unser traditionelles ökonomisches Denken war bisher nahezu ausschließlich auf den produktiven, für die Befriedigung menschlicher Bedürfnisse bestimmten Teil der Naturumformung gerichtet. Dies geschah in der Überzeugung, es werde dadurch etwas Neues geschaffen. Dass jedes Herstellen aber lediglich einen Umwandlungsprozess darstellt, bei dem ein Stoff in einen anderen überführt wird, blieb bei dieser anthropozentrischen Denkweise unberücksichtigt. Menschliches Wirken hat aber nicht allein eine produktive, sondern immer auch eine destruktive Seite. Jede menschliche Arbeit und jedes Konsumieren muss deshalb aus beiden Perspektiven auf ein rechtes Maß und die Auswirkungen auf die natürlichen Lebensgrundlagen geprüft werden. Ein wichtiges Kriterium eines Abwägungsprozesses für und wider eine Handlung beziehungsweise Unterlassung sollte die Überschaubarkeit der Handlungsfolgen sein, wobei als Zeithorizont die Dauer einer Generation dienen könnte. Bei der Bestimmung des Zeithorizonts ist allerdings eine gründliche Differenzierung erforderlich: zwischen riskanten Produkten und Handlungen, die mit unabsehbaren Folgen und Nebenfolgen verbunden sind (zum Beispiel Atomenergie), einerseits sowie solchen Gütern, die ohne absehbare Folgen lange Zeit genutzt werden können und – im Hinblick auf eine nachhaltige Entwicklung – auch genutzt werden sollten (zum Beispiel Gebäude), andererseits.

Zunächst ist es ein fundamentales menschliches Bedürfnis, solche Handlungsfolgen zu erzeugen, die über das eigene Leben hinausreichen. Der Mensch ist nicht auf der Welt, um sie so wieder zu verlassen, als wäre er nicht da gewesen (vgl. Meyer-Abich 1990, 90). Ein wichtiges Motiv, in der Welt Handlungsfolgen zu erzeugen, die in die Zukunft über das eigene Leben hinausweisen, ist der Wille, sich fortzupflanzen und durch seine Kinder fortzuleben. Aber dem Menschen – und hier besonders den Männern – genügt dieses natürliche Zeichen als Beweis seiner Existenz in der Regel nicht. Er will auch andere Handlungsfolgen – Ideen und Produkte – erzeugen, die Zeugnis für sein Dasein über den Tod hinaus ablegen. Nicht grundsätzlich stellen dabei menschliche Handlungsfolgen, die über Generationen reichen, ein ökologisches Problem dar. Positiv betrachtet, zeichnen solche Handlungsfolgen sich dadurch aus, dass nachfolgende Generationen sie für wert befunden haben, sie und damit das Andenken an die Menschen zu bewahren. Es ist in sehr vielen Fällen auch aus ökologischer Perspektive positiv zu bewerten, wenn Produkte, Gebäude, Kleidung usw. länger als eine Generation halten und genutzt werden. Vielmehr stellt es heute ein ökologisches Problem dar, dass solche langlebigen Produkte dem Streben der kapitalistischen Industriegesellschaften nach Wachstum im Wege stehen. Viele Dinge müssen deshalb durch einen Denk-mal-schutz vor der Zerstörung durch den industriellen Fortschrittsmythos bewahrt werden. Der Ausdruck »Denkmalschutz« zeigt die heutige Notwendigkeit, das Nach-Denken über Handlungen vergangener Zeiten zu schützen. Sie bringt den Pragmatismus einer Gesellschaft zum Ausdruck, die keine Zeit zur Erinnerung und zum Nachdenken hat: »The world is weary of the past – Oh, might it die or rest at last.«[8] (Shelley zit. n. Horkheimer 1997, 51) Wenn wir als Teil einer sogenannten Wegwerfgesellschaft die Handlungsfolgen nicht so rigoros verwerfen, die Dinge mehr pflegen, reparieren oder wiederverwerten würden, hätten wir sicherlich in vielen Bereichen auch weitaus geringere ökologische Probleme. Es müsste gelingen, die Nutzungsdauer vieler Gebrauchsgegenständen wieder deutlich zu verlängern.

Zur Lösung der Krise mit der Zielrichtung »Mäßigung« wäre also genau die umgekehrte Reihenfolge des in Kapitel 6 (S. 121) dargestellten Ablaufmusters der heutigen Produktion, des Vertriebs und des Gebrauchs der Konsumgüter erforderlich. Die auf den Zweck der Dinge bezogenen Handlungsfolgen müssten langfristig sein, zum Teil weit über Generationen hinausreichen; die Handlungsfolgen für die Natur, die genau genommen nur Nebenfolgen der ständig wachsenden Produktion und des maßlosen Konsums in der Industriegesellschaft sind, sollten hingegen möglichst kurzfristig sein. Es scheint jedoch der ständige Widerstand der alles beherrschenden Wirt-

---

8 »Die Welt ist der Erinnerung müde – Oh, lasst sie endlich sterben oder ruhen« (Übersetzung T. V.).

schaftsmacht zu sein, der eine Änderung des Lebensstils in eine solche Richtung behindert. Ein führender Investmentfachmann brachte seine Befürchtungen und damit allgemein die Ängste der Wirtschaft vor einem vernünftigen und mäßigen Konsum mit folgenden Worten zum Ausdruck:

> »*Die Kleidung würde um ihrer Nützlichkeit willen erworben, Nahrungsmittel würden wegen ihrer Billigkeit und ihres Nährwertes gekauft, Automobile würden auf das Wesentliche beschränkt und vom gleichen Besitzer während der gesamten zehn oder fünfzehn Jahre ihrer Lebensdauer gefahren, Häuser würden allein als Unterkunft und ohne Rücksicht auf ihren Stil oder die Nachbarschaft gebaut und instand gehalten. Und was würde aus unserem Markt, der auf ständig neue Modelle, neue Formen und neue Ideen angewiesen ist?*« (*Mazur zit. nach Fromm 1981, 42 f.*)

Die Aussage dieses Wirtschaftsvertreters, welche an Aktualität in den vergangenen Jahrzehnten noch deutlich zugenommen hat, zeigt, dass die Menschen immer mehr konsumieren und verbrauchen sollen, damit das Wirtschaftssystem funktioniert. Wirtschaft ist in diesem Verständnis also nicht für die Menschen da, sondern erfüllt einen Selbstzweck. Das Zitat verdeutlicht diesen Widersinn. Das Ziel der Mäßigung steht im Gegensatz zu einem solchen System, und es wird deutlich, dass eine Kultur der Mäßigung nur gelingen kann, wenn man die Strukturen, den technisch-ökonomischen Fortschrittsmythos sowie die zahlreichen unerfüllten Glücksversprechen des gegenwärtigen Wirtschaftssystems überwindet. Eine Kultur der Mäßigung erfordert in mindestens drei Bereichen eine Bestimmung des rechten Maßes: in der Zeitdimension, in der Raumdimension und in der Dimension des Verhältnisses von Natur und Ökonomie. Darüber hinaus erfordert eine Kultur der Mäßigung, dass der Mensch frei und ohne Manipulation das rechte Maß in seinem Leben selbst bestimmen kann.

Ein anderes Problem in der Industriegesellschaft stellen Handlungen und Produkte dar, die weitreichende, unkalkulierbare Risiken mit sich bringen wie beispielsweise Atomenergie, genveränderte Nahrungsmittel oder chemische Stoffe (etwa Herbizide). Bei diesen Produkten stellt sich zunächst die Frage, unter welchen Bedingungen sich ihre Herstellung rechtfertigen lässt. Wenn man die Folgen und Nebenfolgen solcher Handlungen beziehungsweise Produkte nicht genau abschätzen kann, sollte man sie im Zweifel unterlassen beziehungsweise nicht einsetzen; denn das »Unterlassen im Zweifel« erhöht die Reflexivität, die Dauer des Nachdenkens, und im Abwägungsprozess zwischen den Ansprüchen des Menschen und denen der Natur ist dieses Unterlassen immer ein Gewinn für die Natur und die Überlebenschancen künftiger Generationen.

Das Unterlassen ist ein fundamentaler Akt menschlicher Freiheit; denn gerade darin unterscheidet sich der Mensch vom Tier, das instinktbedingt von seinem Trieb nicht ablassen kann. Allerdings liegt die menschliche Bestimmung nicht ausschließlich im Unterlassen, sondern auch im Handeln. Friedrich Wilhelm Schelling (1775–1854) sagte, der Mensch sei zum Handeln geboren (vgl. Schmied-Kowarzik 1996, 24). Deshalb stellt sich weder vorrangig die Frage nach den Maßstäben für das Unterlassen noch für das Tun. Im Hinblick auf die Suche nach einer Kultur der Mäßigung sollte der Mensch, beide Perspektiven verknüpfend, die Frage reflektieren, was er tun und was er unterlassen soll. Und zwar Tun und Lassen im Hinblick auf die Verhinderung des Schlechten: der ökologischen Katastrophe. Als ein möglicher Anhaltspunkt für das Tun beziehungsweise das Unterlassen (beide Kategorien sind letztendlich zwei Seiten derselben Medaille und zielen auf das vernünftige Handeln) könnte eine Verringerung des Produktes aus Vermehrungsverhalten und Ressourcenverbrauch dienen.[9] Diese Forderung ist im globalen Vergleich vorrangig an die Industriegesellschaften zu richten. Eine quantitative Bestimmung eines solchen Produktes ist allerdings nicht möglich.

---

9 Nach Erhebungen des Statistischen Bundesamtes verbrauchen beispielsweise tausend Deutsche mindestens zehnmal so viel Natur wie tausend Menschen in Entwicklungsländern (vgl. Schmidt-Bleek 1994, 219). Aus dieser Tatsache ergibt sich für die Industriegesellschaften im Vergleich mit den Entwicklungsländern die logische Konsequenz, dass sie mehr »unterlassen« als »tun« müssen.

Da sich die quantitative Bestimmung eines rechten Maßes als unmöglich erweist, wäre eher eine sinnliche, qualitativ orientierte Annäherung an mögliche Maßstäbe sinnvoll. Auf die Frage nach der Rechtfertigung einer Veränderung der Naturzustände durch menschliches Produzieren und Konsumieren könnte man grundsätzlich den Maßstab anlegen, dass sie durch menschliches Einwirken besser werden müssen als zuvor (vgl. Meyer-Abich 1990, 101). Menschliche Handlungen sollen das Leben bereichern und im ästhetischen Sinne verschönern. Einen sinnlich-qualitativen Maßstab für das menschliche Handeln und dessen Wirkungen auf Naturprozesse könnte das Märchen »Der Flachs« von Hans-Christian Andersen liefern. Andersen beschreibt in diesem Märchen den »Lebenslauf« des Flachses, der zunächst auf einem Feld zur Blüte kommt und glücklich ist. Doch der Mensch bereitet dem Flachs ein jähes Ende; er wird geerntet und in einem schmerzhaften Umformungsprozesss zu Leinen verarbeitet. Der Flachs empfindet diese Metamorphose hin »zu einem schönen, großen Stück Leinwand« aber als neues Glück. Damit ist sein Lebensweg aber noch lange nicht zu Ende, denn das Leinen kommt unter die Schere, und es entstehen zwölf Stücke Unterwäsche. Auch dieses wird als großes Glück empfunden, denn nun schafft der Flachs Nutzen in der Welt. Die Wäsche hält jedoch nicht ewig, und so muss der Flachs erneut einen zunächst qualvollen Prozess der Veränderung erleiden, der ihn dann aber zu schönem weißen Papier werden lässt, auf dem man die allerschönsten Geschichten und Verse schreibt. Der Flachs freut sich über das erneute, ganz besondere Glück; denn was auf dem Papier geschrieben stand, war so klug und so gut, und es machte die Menschen viel klüger und besser. Das war doch so viel mehr, als man sich als kleine blaue Blume auf dem Feld erträumen durfte. Aber auch das war noch nicht das Ende. Das Papier kam zum Buchdrucker, und in dieser Form empfand sich der Flachs nun als der Allerglücklichste. Doch nach einiger Zeit wurde das Buch in eine Tonne geworfen und schließlich im Herd verbrannt. Aber auch im Verbrennen erfüllte es noch eine beglückende Aufgabe: Die roten Funken, die aus dem Feuer in die Höhe schossen, erfreuten die Kinder. Der Flachs, nun in unsichtbare Wesen aus dem Feuer zerstäubt, war überglücklich und sagte zu sich: »Das Lied ist niemals aus! Das ist das Schönste bei dem Ganzen. Ich weiß es, und darum bin ich der Allerglücklichste!« (Vgl. Andersen 1862/2018)

Besonders interessant an diesem Märchen, welches 1862 veröffentlicht wurde, ist die Tatsache, dass in ihm die Struktur einer Produktlinienanalyse zum Vorschein kommt, die als »Erfindung« der ökologischen Wirtschaftsforschung erst vor etwa drei Jahrzehnten veröffentlicht wurde. Wie es Nahrungsketten in der natürlichen Mitwelt gibt, an die wir uns so anschließen, dass das Gesamtgefüge des Füreinander-da-seins nur möglichst wenig gestört wird, so sollte man das Märchen zum Vorbild für entsprechende Metamorphoseketten in der Wirtschaft ebenso wie im individuellen Konsum nehmen. Entscheidende Elemente des Ablaufs sind hierbei, dass die Pflanze natürlich gewachsen ist und so zu ihrer Lebensblüte kommt, sowie die strikte Wiederverwertung der Dinge nach dem Verlust ihres jeweiligen Gebrauchswerts. Darüber hinaus beschreibt das Märchen die Metamorphose des Flachses so, dass daraus ein Lebensweg wird, der wie eine Reifung weit über die pflanzliche Frucht hinaus aussieht und mit einem dazugehörigen Werdeschmerz verbunden ist (vgl. Meyer-Abich 1990, 104).

Das Märchen »Der Flachs« führt uns die Frage vor Augen, wie wir es gegenwärtig mit dem »Werdeschmerz der Dinge« halten wollen. Die Moral, die das Märchen zum Ausdruck bringt, steht in starkem Kontrast zu unserer gegenwärtigen Praxis industrieller Produktion und unserem verschwenderischen Konsumverhalten. Solange Modetrends den Konsum lenken, ist an »Werdeschmerz«, an einen sinnlichen, genussvollen und mäßigenden Umgang mit der Mitwelt kaum zu denken. Der Kontrast zwischen der dargestellten idealistischen und der gegenwärtigen Praxis unseres Umgangs mit den Dingen und mit der Natur verdeutlicht die Problemstellung, erweitert unseren durch rein ökonomische und technisch-naturwissenschaftliche Denkweise eingeengten Blickwinkel hin zu einem versöhnlichen Verhältnis zwischen Mensch und Natur.

Neben der Produktion und dem Wirtschaftssystem muss sich auch der Verbraucher verändern und sich von Konsummustern des

Immer-mehr lösen, das heißt weniger kaufen und gleichzeitig die Dinge entsprechend länger nutzen. Somit muss der Konsument weniger auf die Quantität als vielmehr auf die Qualität achten und die Dinge länger gebrauchen, pflegen und nach Möglichkeit reparieren. Es ist beispielsweise viel sinnvoller, sich seltener neu einzukleiden, dafür aber hochwertigere Bekleidung zu kaufen.

Eine wichtige Voraussetzung für diesen Wandel hin zu einem rechten Maß ist die Versöhnung von Mensch und Natur. Diese erfordert die Bereitschaft der Gesellschaft, ihre ökonomischen, technologischen und politischen Kräfte gegen die gegenwärtige Naturentfremdung zu richten. Dabei geht es um die Frage, ob der Versuch der menschlichen Selbsterhaltung zwangsläufig an die Entzweiung der Natur und damit an die produzierende Selbstzerstörung der Menschen gebunden sein muss oder ob ein anderes friedliches, versöhnliches Naturverhältnis möglich ist (vgl. Immler 1990, 336). In Anlehnung an den natur- und geschichtsdialektischen Entwurf Friedrich Hölderlins (1770–1843) gibt es drei verschiedene Möglichkeiten des realen Verhältnisses von Mensch und Natur:

1. das Sein als Zustand der seligen Einigkeit mit der Natur;
2. den Zerfall und Widerstreit des Menschen mit der Natur (Sein und Urteil);
3. den Versuch des Menschen, die Einheit mit der Natur wiederherzustellen (Einheit von Sein und Urteil) (vgl. Immler 1990, 336).

Das ursprüngliche Einssein mit der Natur, so der Ökonom Hans Immler, sei jener nicht denkbare, logische und historische Zustand, in dem die Menschen noch ohne jegliche Reflexion eins mit der Natur und in dem Subjekt und Natur identisch und vollkommen harmonisch gewesen seien, »weil das Ich noch gar nicht von sich weiß, aber schon ist – eins ist mit allem« (ebd.). Erst das Wissen vom »Ich« begründete den Zerfall dieser ursprünglichen Einheit im Sein von Mensch und Natur, von Subjekt und Objekt. »Alle nachfolgende Handlung ist ein Widerstreit zwischen beiden, wobei sich mal das eine, mal das andere absolut setzt.« (Ebd., 337) Heute stehen wir vor der historischen Aufgabe einer neuen Konstitution der Einheit von Mensch und Natur, die allerdings nie wieder den Urzustand eines Einsseins erreichen kann.

Es besteht eine historische Dialektik zwischen Identität und Nichtidentität der Menschennatur. Die ursprüngliche Identität des Menschen mit der Natur, die Zeit, in der der Mensch von sich noch nichts wusste, noch keine Geschichte hatte, ging mit dem Entstehen industrieller Produktion über in ihr abstraktes Gegenteil: eine radikale Trennung der Arbeit von ihren objektiven Naturbedingungen. Diese radikale Trennung von Produktion, Konsum und Naturbedingung ist eine wichtige Ursache für die gesellschaftliche Naturkrise. Wenn und solange sich eine Produktionsform von ihren Voraussetzungen lossagt, gerät sie in Widerspruch zu jenen. »So, wie der Fortbestand eines Individuums an die Funktionen seines Leibes gebunden ist, so muss auch die Gesellschaft in ununterbrochenem produktiven Kontakt mit der Natur stehen. Wie die Menschen durch die Stoffe der Natur hindurchgehen, so gehen diese als Gebrauchswerte durch die Menschen hindurch, um sich in bloße Natur zurückzuverwandeln.« (Schmidt 1978, 89) In diesem Sinne hat Marx den Begriff des Stoffwechsels nicht nur metaphorisch, sondern auch unmittelbar physiologisch verstanden (vgl. ebd.). Diese Herangehensweise erscheint als die einzig mögliche, um sich einem rechten Maß anzunähern; man wird es nie endgültig quantitativ bestimmen können. Das rechte Maß muss stets in einem gesellschaftlichen Diskurs und genauso durch individuelle Reflexion ergründet werden. Aber obwohl Individuen wie Gesellschaften insgesamt heute schon ein – meist unartikuliertes – Gefühl dafür entwickelt haben, dass das rechte Maß in vielen Bereichen überschritten ist, sind wir von einem solchen gesellschaftlichen Diskurs noch weit entfernt. Immer wieder ist die Öffentlichkeit von Neuem erfreut, wenn die Wirtschaft wächst.

Den Industriegesellschaften fehlt ein Bewusstsein von einer Einheit von Mensch und Natur. Zwischen Bewusstsein und Materie hat sich im Verlauf der Geschichte ein tiefer Riss gebildet. Besonders deutlich wird das in der Herausbildung des Finanzkapitalismus. Diese Branche wähnt sich offenbar gänzlich unabhängig von Naturgegebenheiten beziehungsweise treibt gar ihr Spiel mit den vom Kapitalismus selbst erzeugten (Knappheits-)Katastrophen. Der Finanzkapitalismus hat jegliche Beziehung – sowohl physisch wie auch im Bewusstsein – zur Ganzheitlichkeit der natürlichen Gegebenheiten verloren. Ein Lösungsansatz zur Überwindung der gesellschaftlichen Naturkrise muss deshalb bei dem Versuch ansetzen, Natur im Einklang mit Arbeit, Produktion und Konsum zu gestalten:

> »Alle menschliche Tätigkeit hat nur noch Sinn, wenn sie die reflektierte, bewusste Einheit mit der Natur im Auge hat. Das Einssein mit der Natur wird zum unendlichen und unerreichbaren Ziel. Alle menschliche Erkenntnis muss letztlich auf dieses Ziel gerichtet sein. Aber der Zustand der bewussten Einheit von Sein und Denken muss von uns erzeugt, hergestellt werden. Die Humanisierung der Natur ist daher die uns auferlegte geschichtliche Aufgabe.« (Immler 1990, 340)

Für die Frage nach einer Kultur der Mäßigung beziehungsweise der Suche nach dem rechten Maß ergibt sich hieraus die Problemstellung, in welcher Form die gegenwärtige Praxis einer Humanisierung der Natur zuwiderläuft und wie eine Gesellschaft entsprechend dieser Zielsetzung zu transformieren wäre.

Kapitel 9

Können wir Mäßigung lernen?

Der Mensch soll in den Stand versetzt werden, auf das Überflüssige
zu verzichten, indem man eine Souveränität über sich gewinnt.

Michel Foucault

Im Verständnis unserer Kultur scheinen Bildung und Mäßigung im Widerspruch zu stehen: Mäßigung wird häufig als Einschränkung der Freiheit des Menschen, Bildung dagegen als Befähigung des Menschen zu vernünftiger Selbstbestimmung definiert. Bildung soll dazu dienen, die Freiheitsräume des Subjekts auszudehnen. Zwischen diesem Bildungsverständnis und einer moralisierenden Sicht von Mäßigung scheint es zunächst wenig Gemeinsames zu geben. Dass Mäßigung zur Bildung des Menschen beitragen, gar als eine Form der Befreiung angesehen werden kann, bedarf einer genaueren Erklärung.

Bei einer Analyse der verschiedenen Überlegungen zur Mäßigung, insbesondere der diesbezüglichen antiken Philosophie, wird deutlich, dass diese Tugend umfassender und im Hinblick auf eine ganzheitliche Lebensführung der Selbstbeherrschung betrachtet wurde. Im Gegensatz zu dem heutigen Verständnis gehörte Mäßigung zum Mittelpunkt einer bildenden Lebenskunst. Epikur stellt in seiner »Lustökonomie« das richtige Maß in das Zentrum dieser Lebenskunst. Er forderte die Fähigkeit zu einer gestaltenden Askese im Sinne einer dauernden Übung, weil die Lebenskunst keineswegs von sich aus entstehe. Der richtige Umgang mit der Lust sei eine Kunst, die ausgebildet werden müsse. Epikur empfahl hierzu eine verständige Klugheit, die Umsicht erfordere und im Dienste der Lebenskunst und Lust stehe, »damit wir, wenn wir das Viele nicht haben, mit dem wenigen auskommen« (Epikur 1991, 103). Eine verständige Klugheit in diesem Sinne kann durch Bildung gefördert werden.

Der Mensch wird in eine Kultur hineingeboren, der er zunächst ohne Reflexion ausgeliefert ist. Sie wirkt auf ihn ein und prägt ihn, wobei er sich dieser Formung nicht erwehren kann. Wir bewegen uns in dem kulturellen Gewebe »wie Schlafwandler: unauffällig und zielsicher, aber ohne gedankliche und emotionale Plastizität, ohne reflektierende Distanz und ohne Sinn für Alternativen« (Bieri 2013, 83). Heute haben immer mehr Menschen Schwierigkeiten, in der Komplexität der Welt und im Umgang mit Konsum, Zeit und Raum ein rechtes Maß zu finden. Die Menschen werden vielmehr von den Strukturen hin- und hergerissen, können ihr Leben kaum selbst in die Hand nehmen und gestalten. »Wir leben die meiste Zeit unter dem Blick der Anderen, und dieser Blick kann uns wegführen von uns selbst und hinein in ein entfremdetes Leben, das nicht mehr durch unsere Bedürfnisse definiert wird, sondern durch die Erwartungen der Anderen.« (Ebd., 30) Die festgestellte Maßlosigkeit der Menschen im Umgang mit Zeit, Raum und Ressourcen ist deshalb eher ein Ausdruck von Unfreiheit.

Gleichzeitig ist zu beobachten, dass das lange Zeit als gesellschaftlicher Fortschritt angesehene Streben nach immer mehr in unzählige Widersprüche verstrickt ist und gesellschaftlich wie individuell als Rückschritt wahrgenommen wird. Das Wachstumsparadigma der gegenwärtigen Kultur gefährdet die Existenzgrundlagen. Dabei war doch die Aufklärung angetreten, den Menschen aus den engen Fesseln der scholastischen Dogmatik zu befreien. Die Freiheit des Subjekts wurde zum zentralen Ziel der nachfolgenden Entwicklung der Moderne. Das Freiheitsversprechen ist jedoch kaum eingelöst worden. »Wer sich spontan und ungeformt den Herausforderungen des raubtierhaften Kapitalismus stellt, begibt sich in gefährliche Gefilde, die zum Untergang führen können.« (Hastedt 2008, 20) In vielerlei Hinsicht hat der Kapitalismus Strukturen etabliert, in denen die Menschen gefangen sind und die ihrem Streben nach Freiheit widersprechen.

Erst durch (Selbst-)Bildung könnte es gelingen, einen Blick hinter die Verschleierung der kulturellen Einflüsse zu gewinnen, sein eigenes Dasein und Handeln vor dem Hintergrund der unterschiedlichsten Faktoren, die das eigene Leben geprägt haben, zu reinterpretieren. Richtig verstandene Bildung, so der Philosoph Peter Bieri, sei der komplizierte Prozess, in dem es um die Beantwortung der Fragen gehe, wer wir sind und was uns wichtig ist. »Sich bilden – das ist wie aufwachen.« (Ebd.) Durch das Erwachen, die Entwicklung von Selbsterkenntnis und Selbstbewusstsein kann es gelingen, die durch die Kultur hervorgerufenen Prägungen in ihren verschiedenen Zielsetzungen und Widersprüchlichkeiten zu erkennen. Erst auf dieser Grundlage wird eine vernunftgeleitete Selbstbestimmung möglich, die auch über ein rechtes Maß im Leben zu reflektieren erlaubt.

Selbsterkenntnis ist die Fähigkeit, sich von außen betrachten zu können, die von der Kultur geprägten Motive und Antriebe eigenen Handelns kritisch zu beleuchten und abwägend zu beurteilen. Bildung im Sinne einer Befreiung zum rechten Maß soll die Reflexivität des Subjekts erhöhen und dahin führen, dass es auf dem Weg zur Selbsterkenntnis gesellschaftliche Restriktionen und Widerstände erkennt. Die Suche nach dem rechten Maß zielt auf die Befreiung des Subjekts aus gesellschaftlichen Zwängen. Es geht bei der Forderung nach Mäßigung nicht um die Einschränkung, sondern vielmehr um die Verwirklichung individueller Freiheitsräume. Bildung soll den Menschen aus den vereinnahmenden Verhältnissen befreien, sie soll mit den Worten Heinz-Joachim Heydorns der »Liquidation von Macht« (Heydorn 1970, 337) dienen. Hierzu gehört wesentlich, dass sich der Mensch im Sinne des delphischen Orakels zunächst selbst erkennt, um seiner selbst habhaft zu werden.

Der Überlieferung zufolge war am Eingang des Tempels von Delphi nicht nur die bekannte und oft zitierte Inschrift »Erkenne dich selbst« (»gnôthi seautón«), sondern ebenfalls die Forderung »Nichts im Übermaß« (»medèn ágan«) angebracht. Beide Aussagen gehören zu einem harmonischen Leben. Die Selbsterkenntnis führt zur Klärung der eigenen Bedürfnisse, Fähigkeiten und Zielsetzungen und trägt dazu bei, dass der Mensch sich realistisch einschätzt und sieht, was für seine Person das rechte Maß zwischen einem Zuviel und einem Zuwenig darstellt. Selbsterkenntnis dient auch der Einsicht, welche Bedürfnisse nur von außen durch Manipulation aufgedrängt werden und letztlich nicht dem eigenen Wohlbefinden dienen.

So kann der Mensch die Fähigkeit erwerben, Souveränität über sich selbst zu gewinnen. Auf dem Weg zur Selbsterkenntnis kann Bildung einen Beitrag zur Entwicklung von Techniken der Übung und Disziplin leisten.

Michel Foucault (1926–1984), einer der bedeutendsten französischen Philosophen des 20. Jahrhunderts, hat in seinem umfangreichen Werk Gedanken zusammengetragen, die das Konzept der Mäßigung überzeugend mit Freiheit und Bildung verknüpfen. Foucault hat aus der Interpretation der antiken Philosophie die Tugend der Mäßigung mit einer Ökonomie der Lust verbunden und dadurch eine Theorie entwickelt, die dem deutschen Verständnis von Mäßigung als einer lusthemmenden Tugend eher fremd erscheinen mag. In seiner Studie »Der Gebrauch der Lüste« (Foucault 1986) beschreibt er den Zusammenhang zwischen Mäßigung und Lust, wie ihn Platon im Nomoi-Dialog darstellte:

> »Das Leben der Mäßigung, der sophrosýne, wie es in den Nomoi beschrieben wird, ist eine Existenz, die ›in jeder Hinsicht gutartig ist, mit ruhigen Schmerzen, ruhigen Lüsten, sanften Begierden (eremaîai hedonaí, malakaì epithymíai) und Lieben ohne Raserei (érotes uk emmaneîs)‹. Hier befinden wir uns in einer Ökonomie der Lüste, die durch die Herrschaft, die man selbst über sich ausübt, gewährleistet ist. Auch hier wird der verliebten Seele, deren Irrwege und deren Glühen der Phaidros beschreibt, eine ›geordnete Diät‹ (etagméne díaita) verschrieben, damit sie ihren Lohn erlangt und ihre Heimat jenseits des Himmels erreicht; eine sichere Diät, weil die Seele ›Herrin ihrer selbst‹ ist und um das Maß besorgt ist; weil sie ›die Quelle des Lasters versklavt hat‹, ›die der Tugend hingegen befreit hat‹.« (Foucault 1986, 308 f.)

Den Kampf, den die Seele gegen die Gewalt ihrer Begierden bestehen müsse, könne sie nur in einem doppelten Bezug zur Wahrheit führen. Es gelte, hierbei das eigene Wesen in Bezug auf das Bedürfnis zu befragen, also zu fragen, ob das Begehren überhaupt meinem Wesen entspricht. Und es sei das Objekt der Begierde zu prüfen, ob es überhaupt dem eigenen Bedürfnis angemessen ist (vgl. ebd.).

Mäßigung soll zu innerer Ruhe, Selbstbestimmung und auf diesem Weg zur Erkenntnis der wahren Lust führen. In seinem Konzept der Sorge um sich selbst beschreibt Foucault wichtige Zielsetzungen von Selbsttechniken, die eine selbstbestimmte Mäßigung ermöglichen:

> »Der Akzent wird auf das Verhältnis zu sich gelegt, welches es ermöglicht, dass man sich nicht von den Begierden und Lüsten fortreißen läßt, daß man ihnen gegenüber Herrschaft und Überlegenheit wahrt, daß man seine Sinne in einem Zustand der Ruhe hält, daß man frei bleibt, von jeder inneren Versklavung durch die Leidenschaften und daß man zu einer Seinsweise gelangt, die durch den vollen Genuß seiner selber und die vollkommene Souveränität seiner über sich definiert werden kann.« (Foucault 1986, 43)

Solche Selbsttechniken dienen der Offenbarung eigener Stärken und Schwächen, die der Mensch entsprechend weiterzuentwickeln oder zu überwinden lernt. Schon bei Sokrates war die Sorge um die eigene Seele als eine Form der Selbstbeziehung angesprochen. Sie sollte den Menschen davor bewahren, Opfer und Diener seiner eigenen inneren Triebe zu werden. Ziel der Sorge um sich war die Selbstbeherrschung, womit Sokrates nicht die einfache Unterdrückung der inneren animalischen Triebe meint, sondern vielmehr die Entwicklung einer inneren Freiheit: Selbsterkenntnis und in deren Folge Selbstbeherrschung sind kein Selbstzweck, sondern eine wichtige Stufe der Selbstreflexion.

Die Fähigkeit zur Selbsterkenntnis reicht allein nicht aus, um das rechte Maß auch praktisch umzusetzen. Sie bildet lediglich die Grundlage für eine vernünftige Selbstbestimmung. Die gegenwärtige Orientierungslosigkeit, hervorgerufen durch die Flut technischer Mittel und Güter, durch die Beschleunigung aller Prozesse, durch die Vermehrung der Kontakte und Kommunikationskanäle, erfordert eine Bildung, die den Menschen aufklärt, zur Selbstbestimmung befähigt und ihn dadurch von der Fremdbestimmung befreit. Foucault hatte das Ziel seines Konzepts der Selbstsorge als »Heautokratie« bezeichnet und damit die Beherrschung seiner selbst gemeint. In Rezeption der antiken Philosophie, insbesondere der Stoa, bezeichnet Foucault mit Heautokratie einen Menschen, der die innere Freiheit erlangt hat und nicht mehr Sklave eigener Triebe war. Die Heautokratie meint den souveränen Umgang mit eigenen Wünschen, Begierden und Antrieben. Ein solcher Umgang sollte zugleich als Quelle der Befriedigung und des Lustgewinns dienen. Das höchste Ziel in diesem Streben ist das Erreichen des richtigen Maßes.

Foucault geht es bei der Sorge um sich selbst um die Entwicklung von Umgangsformen, die den jeweiligen Zusammenhang zwischen der angestrebten Konstitution des Selbst und den vorgegebenen, oft widersprüchlichen Verhältnissen offenlegt. In der von ihm rezipierten antiken Philosophie war Selbsterkenntnis kein Selbstzweck, sondern Grundlage und Voraussetzung der Arbeit an sich selbst. Dabei spielte auch die Frage nach einem richtigen Gebrauch der Gelüste eine wichtige Rolle. Das Individuum sollte über seine Lust und seine Bedürfnisse reflektieren. Die Lust war in der Antike allerdings entgegen heutigem Denken zunächst moralisch eher unverdächtig. Auf Grundlage dieses Verständnisses stellt Foucault zur Forderung nach Mäßigung fest: »So verstanden, kann die Mäßigung keine Form von Gehorsam gegenüber einem System von Gesetzen oder einer Kodifizierung von Verhaltensweisen sein, sie kann auch nicht Auslöschung der Vergnügen begründen; sie ist eine Kunst, eine Praktik der Lüste, die sich derjenigen Vergnügen zu bedienen versteht, die auf dem Bedürfnis beruhen und damit sich selber zu beschränken weiß.« (Ebd., 76) Bei der Sorge um sich geht es um die Pflege eines wahren Bezugs zu sich selbst. Foucault bezeichnet dieses als eine »Ästhetik der Existenz« und bringt damit eine gestalterische und schöpferische Sicht auf das menschliche Leben zum Ausdruck. Unter einer Ästhetik der Existenz versteht er eine Lebensweise,

>»deren moralischer Wert [...] auf gewissen Formen oder vielmehr auf gewissen formellen Prinzipien im Gebrauch der Lüste, auf ihre Aufteilung, Begrenzung und Hierarchisierung [...] beruht. Durch den lògos, durch die Vernunft und durch das Verhältnis zum Wahren, von dem es sich bestimmen läßt, fügt sich so ein Leben in die Erhaltung oder die

Reproduktion einer ontologischen Ordnung ein; andererseits empfängt es den Glanz einer Schönheit in den Augen derer, die es betrachten oder in ihrer Erinnerung bewahren können. Über diese mäßigende Existenz, in der Wahrheit begründetes Maß gleichzeitig Respekt einer ontologischen Struktur und Profil einer sichtbaren Schönheit ist, haben sich Xenophon, Platon und Aristoteles wiederholt geäußert.« (Ebd., 118)

Durch die Ethik des Maßhaltens ordne sich das Subjekt in ein höheres, umgreifendes Ganzes ein, das zugleich Wahrheit, Sittlichkeit und Schönheit umfasse. »Das Verhältnis zur Wahrheit ist eine strukturelle, instrumentelle und ontologische Bedingung der Einrichtung des Individuums als eines mäßigenden und maßvoll lebenden Subjekts.« (Ebd.)

In Anlehnung an hellenistisch-römische Vordenker wie Seneca, Aurel oder Epikur beschreibt Foucault zahlreiche Praktiken der Selbstkultur, die das Selbst zu einer souveränen Selbstbeherrschung führen sollen:

»Übungen dieser Art sind [...] Zurückhaltung in Speise und Trank bei gleichzeitigem Anschauen üppigster Tafeln, Selbstkontrolle der Begierde bei visuellem Kontakt zu attraktiven möglichen Geschlechtspartnern, die berühmte stoische Regel, stets zu prüfen, was in der eigenen Macht liegt und was nicht, um daran anschließend unnützen Ärger und Aufregung zu sparen, das ›Bilanzieren‹ am Ende des Tages, um die gelungenen von den mißglückten und zu tadelnden Handlungen zu unterscheiden.« (Kögler 2004, 159)

Solche Übungen dienen einer »Kunst der Selbsterkenntnis«: »Die Proben, denen man sich unterzieht, sind keine Stufen wachsenden Entzugs; sie sind eine Weise, die Unabhängigkeit zu messen und zu bestätigen, die man gegenüber alle dem, was nicht unverzichtbar und wesentlich ist, besitzt.« (Foucault 2015, 81) Diese und viele weitere Selbstpraktiken werden in der vorchristlichen Antike unter dem Begriff »askesis« zusammengefasst. Dieser Begriff hat allerdings eine grundlegend andere Bedeutung, als ihm später im Christentum gegeben wird. Ziel der vorchristlichen Askese ist die Konstitution eines souveränen Selbstbezugs. Durch die Übungen und Proben der Mäßigung erlangt der Mensch Freiheit und Selbstbestimmung. Zugleich nimmt in den »Übungen zur Abstinenz und Zügelung« die Selbsterkenntnis einen wichtigen Platz ein: »Die Aufgabe, sich zu erproben, sich zu überprüfen, sich in einer Reihe wohlbestimmter Übungen zu kontrollieren, versetzt die Frage der Wahrheit – der Wahrheit dessen, was man ist, dessen, was man tut, und dessen, was man zu tun vermag – ins Zentrum der Konstitution des Moralsubjekts.« (Ebd. 93)

Durch die starke Betonung des Selbst in der antiken Philosophie sowie bei Foucault kann man den Eindruck gewinnen, es gehe allein um die Förderung des Individuums in hedonistischer oder egoistischer Zielsetzung unter Vernachlässigung des Moralischen und Politischen. Diese Einschätzung greift allerdings zu kurz. Bei der Selbstsorge geht es nicht um Selbsterkenntnis und Selbstbeherrschung als Selbstzweck. Vielmehr war man nach antiker Auffassung überzeugt, dass nur derjenige, der gelernt hatte, die Sorge für sich selbst zu übernehmen, auch in der Lage war, moralische und politische Verantwortung im Staat zu tragen. Die Selbstsorge wurde im Zusammenhang mit der Bildung von Moral gesehen. Die Selbsttechniken zur Mäßigung und Beherrschung seiner selbst wurden als moralische Askese betrachtet. Darüber hinaus macht Platons Sokrates im Alkibiades-Dialog deutlich, dass derjenige, der andere regieren will, zunächst lernen muss, sich selbst zu regieren. Selbsterkenntnis und Mäßigung sind Grundlage für gerechtes Handeln. Selbstbeherrschung ist die moralische Bedingung für die Leitung anderer (vgl. Foucault 1986, 218). Die antike Sichtweise auf den Zusammenhang zwischen Mäßigung und Macht beschreibt Foucault mit einem Zitat von Isokrates aus einer an König Nikokles gerichteten Rede: »Übe deine Autorität über dich (archè sautû) genauso aus wie über die anderen und denke daran, daß das königlichste Verhalten darin liegt, keines Vergnügens Sklave zu sein und seinen Begierden noch mehr zu befehlen als seinen Landsleuten.« (Isokrates zit. n. Foucault 1986, 218) Das Verhältnis zwischen Selbsterkenntnis und Sorge um sich selbst, wie im Alkibiades-Dialog dargestellt, interpretiert Foucault wie folgt:

»Die Seele vermag sich selbst nur dann zu erkennen, wenn sie sich in einem ähnlichen Element, einem Spiegel, betrachtet. Also muss sie das Göttliche betrachten. In der Betrachtung der Götter entdeckt die Seele Regeln, welche die Grundlage für gerechtes Tun und politisches Handeln bilden können. Die Bemühung der Seele, sich selbst zu erkennen, ist das Prinzip, auf dem gerechtes politisches Handeln sich begründen lässt, und Alkibiades wird ein guter Politiker sein, sofern er seine Seele im göttlichen Element betrachtet.« (Foucault 2007, 296)

Ziel einer Pädagogik zur Sorge um sich selbst ist für Sokrates nach Platon die Erziehung des jungen Menschen zu einem guten Bürger der »polis«. Die Methode hin zu diesem Ziel kann unter anderem der sokratische Dialog sein.

Stand am Ausgangspunkt der Überlegungen des Verhältnisses zwischen Mäßigung und Bildung der Gegensatz beider Konzepte, so kann man sowohl nach der Rezeption der antiken Philosophie wie auch der zeitgenössischen Theorien von Foucault feststellen, dass Mäßigung sehr wohl mit einem modernen Bildungsbegriff vereinbar ist. Man kann sogar die These aufstellen, dass Bildung und Mäßigung im Sinne von Selbstbildung über den Dreischritt Selbsterkenntnis – vernünftige Selbstbestimmung – Selbstbeherrschung eng miteinander verknüpft sind. Die Suche nach dem eigenen rechten Maß im Leben, die durch Bildung in Selbsttechniken begleitet wird, ist eher ein Akt der Selbstbefreiung. Diese Selbstbefreiung ist kein Selbstzweck, sondern dient der Bildung einer moralischen und politischen Persönlichkeit und der Befreiung zum rechten Maß.

9.1 Kann man Mäßigung lehren?

Die Fähigkeit zur Mäßigung zählt man zu den Tugenden. Der Ausdruck »Tugend« kommt von dem von Sokrates geprägten Wort »aretè« und wird mit »Tüchtigkeit« oder »Tauglichkeit« übersetzt; heutige Umschreibungen beinhalten auch die Begriffe »Einstellung« und »Verhaltensdisposition«. Unter Tugenden versteht man das, was in einer Gesellschaft als sittlich gut gilt, was allgemein gefordert und in gewissem Sinne auch gelebt wird. Eine Tugend bildet die Einheit um das sittlich Gute sowie die individuelle Bereitschaft und die Tatkraft, dieses Gute auch zu verwirklichen. Kant bezeichnete eine Tugend als »eine moralische Stärke des Willens eines Menschen in Befolgung seiner Pflicht« (Kant 1995 Bd. 5, 490). Als Pflicht sah Kant hierbei »eine moralische Nöthigung durch seine eigene gesetzgebende Vernunft […], insofern diese sich zu einer das Gesetz ausführende Gewalt selbst constituiert« (ebd.). Die Laster, die Kant »als die Brut gesetzwidriger Gesinnungen« und als »Ungeheuer« bezeichnete, muss der Mensch bekämpfen. Deshalb sei die sittliche Stärke auch als Tapferkeit (»fortitudo moralis«) zu bezeichnen und mache die größte sowie einzig wahre Kriegsehre des Menschen aus (vgl. ebd.). Die sittliche Stärke ist auch die »eigentliche, nämlich praktische, Weisheit, […] weil sie den Endzweck des Daseins der Menschen auf Erden zu dem ihrigen macht« (ebd.).

Tugenden sind im Begriffskontext von Moral und Ethik einzuordnen sowie abzugrenzen. Der Begriff der Moral bezieht sich sowohl auf das Individuum als auch auf die Gesellschaft als Ganzes und setzt eine Ethik voraus. Zwar wird Moral häufig synonym mit Ethik verwendet, diese bezieht sich aber eher auf das praktizierte Verhalten innerhalb einer Kultur. Es geht dabei um die tatsächlichen Konventionen, Regeln, Prinzipien und Handlungsmuster, die von Individuen, Gemeinschaften oder Gesellschaften aufgestellt und umgesetzt werden. Ethik ist ein Nachdenken über Moral und befasst sich mit der Frage nach dem sittlich Guten. Die Ethik liefert sozusagen den Begründungskontext moralischen Handelns. Sie ist die Lehre vom richtigen Wollen und Handeln und der damit verbundenen Fragestellung von Gut und Böse. Ethik ist hierbei eine praktisch ausgerichtete Wissenschaft in dem Sinne, dass es ihr nicht um reines Wissen um seiner selbst willen, sondern um eine verantwortbare Praxis geht.

Im Hinblick auf diese verantwortbare Praxis unterscheidet man in der Ethik motivierende und in Kauf genommene Folgen einer Handlung. Die motivierenden Folgen sind solche, die durch die jeweilige Handlung intendiert sind. Sie werden vom Handelnden gewollt und bewusst angezielt. Die in Kauf genommenen Handlungsfolgen werden hingegen als Nebenfolgen einer Tat vorausgesehen und bewusst akzeptiert. Moral kann sich auf beide Formen der Handlungsfolgen beziehen.

In einer zunehmend komplexer werdenden Welt soll Ethik dem Menschen Orientierung für sein sittliches Entscheiden und Handeln ermöglichen. Hierzu kann sie allerdings nur allgemeine Prinzipien eines guten Handelns oder Kriterien für ein entsprechendes Urteil in bestimmten Problemsituationen liefern. Eine Umsetzung der Prinzipien beziehungsweise des Urteils in praktisches Handeln kann Ethik in der Regel nicht leisten. Hierfür muss der Mensch praktische Urteilskraft und ein den Prinzipien entsprechend geschultes Gewissen besitzen beziehungsweise entwickeln. Die praktische Urteilskraft dient dazu, die aus der Ethik heraus entwickelten, allgemeinen Prinzipien immer wieder auf veränderte Lebenslagen und neue Alltagssituationen anzuwenden. Ein Mensch, der beispielsweise vor einem überfüllten Kleiderschrank steht und sich fragt, ob es gut, gerecht und sinnvoll ist, so viel Bekleidung zu besitzen, bringt zunächst lediglich einen Ansatz von schlechtem Gewissen oder ein ungutes Gefühl über die eigene Maßlosigkeit zum Ausdruck. Ihm fehlt jedoch eine praktische Urteilskraft zur Beurteilung der eigenen Situation. Hintergrundwissen und Kriterien für die Beurteilung der Situation können erworben werden. Die Entscheidungskraft, das eigene Verhalten an den Kriterien zu messen und es gegebenenfalls zu ändern, muss der Mensch aber selbst entwickeln.

Bei der Frage nach der Ethik geht es um das gute Handeln. Ethische Werte oder Moralvorstellungen treffen im allgemeinen Verständnis oft auf Widerstand, weil sie häufig als Vorschriften und Vorwürfe aufgefasst werden. Ein freier Mensch möchte sich jedoch keine Vorschriften machen lassen – er möchte allein, frei und unabhängig über sein Tun entscheiden. Diese Forderung ist selbstverständlich und unantastbar. Ein Mensch kann einem anderen keine unmittelbaren Anweisungen geben, sich in einer bestimmten Situation so und nicht anders zu verhalten. Aus den begrifflichen Klärungen zu Tugend, Moral und Ethik ergeben sich erste Ansätze zur Frage, ob und in welcher Form man Mäßigung durch Prozesse der Bildung und Erziehung fördern könnte.

Die Förderung von Tugenden ist heutzutage eher negativ konnotiert; denn Erziehung und Bildung sollen Selbstbestimmung und Emanzipation fördern und nicht Einstellungen oder Verhaltensdispositionen herbeiführen. Besinnt man sich allerdings auf die ursprüngliche Wortbedeutung von Tugend im Sinne von »aretè«, also (Lebens-) Tüchtigkeit, so gewinnt Tugendbildung auch im Erziehungskontext einen berechtigten Sinn. Ob und inwieweit man allerdings Verhaltensdispositionen durch Erziehung beeinflussen kann und soll, bleibt umstritten. Zumindest kann man keinen unmittelbaren kausalen Zusammenhang zwischen erzieherischen Maßnahmen und einem anschließenden moralischen Verhalten behaupten. In ethisch orientierten Erziehungsprozessen kann und darf es nicht vorrangiges Ziel sein, Schülerinnen und Schülern, womöglich noch durch Moralisieren, ein bestimmtes, an restriktiven Kriterien orientiertes Verhalten zu vermitteln. Bildungsprozesse mit dem Ziel, die Tugend der Mäßigung zu fördern, können sich nur auf die Entwicklung von praktischer Urteilskraft konzentrieren. Den Lernenden können Beurteilungskriterien und die Fähigkeit zur Reflexion des eigenen Verhaltens vermittelt werden. Die Willenskraft zu einem an entsprechenden Kriterien orientierten Verhalten sollten sie selbstständig, eventuell auch durch positive Vorbilder, entwickeln.

Die entscheidende moralische Aufgabe unserer Zeit sah Günther Anders, wie bereits ausgeführt, in der Ausbildung einer moralischen Fantasie (Anders 1985, 273). In der Entwicklung dieser Fantasie müsse der Mensch lernen, das Gefälle zwischen seiner Vorstellungskraft und seine Gefühlen den oft abstrakten und verschleierten Auswirkungen seiner Produkte und seines Handelns anzumessen. Zwar hatte Anders seinerzeit vorrangig Großtechnologien wie die Atombombe im Auge, weniger das, was die vereinten Zerstörungskräfte der Industriekultur im Produzieren und Konsumieren heute bewirken können. Aber an der Bedeutung und Richtigkeit seiner grundsätzlichen Forderung für unsere heutigen Problemstellungen ändert sich dadurch nichts. Die Ausbildung einer moralischen Fantasie für das, was jeder Einzelne durch seine »kleinen Sünden« in der großen Masse heute an Zerstörung bewirken kann, erscheint sogar noch schwieriger als die

Ausbildung der Vorstellungskraft für das, was eine Atombombe oder auch viele Atombomben bewirken können. Die Zerstörungskraft einer Atombombe hat die Menschheit bereits erprobt und kann die Wirkungen insofern besser abschätzen. Die vereinten Zerstörungskräfte der Industriegesellschaft treten hingegen eher schleichend in Erscheinung. Wer kann sich schon vorstellen, was es für die Zukunft der Menschheit bedeutet, wenn der Meeresspiegel um einen Millimeter ansteigt, wenn es auf der Erde um 0,5 Grad wärmer wird oder wenn eine von mehreren Millionen Tierarten ausstirbt. Es sind unauffällige Zerstörungen, die in den jeweiligen Momenten niemand so recht ernst nimmt. Mit den Opfern von Hiroshima und Nagasaki kann man bis heute Mitleid empfinden und entsprechend auch leichter moralische Fantasie ausbilden, um zu der Einsicht zu gelangen, dass die Menschheit eine Atombombe nie wieder einsetzen sollte. Aber welche moralische Fantasie würde dem Menschen vorschreiben, das Aussterben des Federgeistchens[10] zu verhindern? Die meisten Menschen werden kaum wissen, was das Federgeistchen überhaupt ist. Vermutlich wird es auch kaum für die Menschheit unmittelbar zu spüren sein, wenn es das Federgeistchen nicht mehr gäbe. Weil es (noch) so viele weitere Arten gibt, wären die Auswirkungen des Aussterbens dieser Schmetterlingsart insgesamt kaum bemerkbar. Aber in der Masse des festzustellenden Artensterbens mag irgendwann eine einzelne Art der entscheidende – dann fehlende – Baustein im Netzwerk des Lebens sein, der dann das Leben und Überleben der gesamten Menschheit berührt. Wann das Maß voll ist, wann die Menschheit es zu weit getrieben hat, weiß keiner. Die notwendige Biodiversität für das Überleben der Menschheit ist nicht messbar. Aber schon das Aussterben der Bienen als bedeutsame Art für das Bestäuben von (Nahrungs-)Pflanzen könnte eine massive Bedrohung für die Welternährung bedeuten.

---

10 Jürgen Dahl hat in den 1980er-Jahren eine engagierte »Verteidigung des Federgeistchens« (Dahl 1989) geschrieben. Die Federgeistchen gehören zu einer bekannten Schmetterlingsart. Als einzige ihrer Gattung besitzen sie auf beiden Seiten drei vogelfederähnliche Hinterflügel.

Im Angesicht dieser Bedrohung ist eine der zentralen Fragen der Pädagogik die nach der Lehrbarkeit einer Tugend. Seit den Anfängen menschlichen Philosophierens bis in unsere Zeit hinein ist diese Frage verbunden mit grundsätzlichen Überlegungen und Begrifflichkeiten des pädagogischen Handlungsfeldes. Einig sind sich die meisten Denker darüber, dass man Moral nicht zielsicher hervorrufen kann, sondern die Moralentwicklung grundsätzlich innerhalb eines Umfeldes von freiheitlicher Selbstbestimmung verortet ist.

Schon Platon umriss die Problemstellung nach der Lehrbarkeit von Tugenden im Menon-Dialog. Dort wird Sokrates von Menon Folgendes gefragt: »Kannst du mir sagen, Sokrates, ob die Tugend lehrbar ist? Oder ist sie nicht lehrbar, sondern durch Übung zu erlangen? Oder wird sie den Menschen weder durch Übung noch durch Lehre, sondern von Natur oder sonst irgendwie zuteil?« (Platon 1998, Bd. II, S.19). Sokrates' Überlegungen führen zu dem Ergebnis, dass Tugendhaftigkeit, also auch die Fähigkeit zur Mäßigung, nicht lehrbar sei. Der Mensch müsse Tugenden erst entwickeln, indem er seine Leidenschaften unter Maßgabe der Vernunft zügele.

Auch Aristoteles beschäftigte sich mit der Entwicklung der Moral und kam zu einer bis heute und zugleich auch mit aktuelleren Forschungsergebnissen weitgehend übereinstimmenden Schlussfolgerung: Der Mensch werde tugendhaft durch drei Aspekte: durch Natur (»physis«), Gewöhnung (»ethos«) und Vernunft (»lògos«). Das tugendhafte Handeln betrachtete Aristoteles als denjenigen Entwicklungsstand, durch den der Mensch überhaupt erst seine wesensmäßige Bestimmung erlange. Die Gewöhnung an die in einer Kultur praktizierten Sitten betrachtete er als besonders bedeutsam für die Herausbildung und Entwicklung von Tugenden bei Kindern und Jugendlichen; denn der Mensch werde nicht vorrangig tugendhaft durch Belehrung, sondern vielmehr durch ein Handeln im Einklang mit den Sitten einer Kultur. Aristoteles vertraute also weniger auf ein pädagogisches Wirken zur Förderung von Tugenden als vielmehr auf die Wirkungen des tugendhaften Vorbilds.

Kant stellte fest, dass man durch Erziehung die moralischen Anlagen des Menschen fördern könne. »In Ansehung der Bestimmung des

Menschen«, so meinte er, müsse der junge Mensch »zum Guten erzogen« werden; denn der Mensch solle nicht nur zu allerlei Zwecken geschickt sein, »sondern auch eine gute Gesinnung bekommen, dass er nur lauter gute Zwecke erwähle« (Kant 1803/1980, 707). Eine moralische Erziehung mit diesem Ergebnis kann aber nicht unmittelbar bewirkt, sondern lediglich unterstützt werden. Man kann die Anlagen des Menschen lediglich durch Anbahnung einer moralischen Kasuistik fördern (vgl. Benner/Brüggen 2011, 129). Einen abschließenden Schritt zum moralischen Urteil und einem entsprechenden Handeln kann der Mensch nur von sich aus vollziehen. Man könnte das Ziel einer solchen Erziehung als Fähigkeit zu einer begründeten Selbstbegrenzung bezeichnen. Die moralischen Implikationen von Mäßigung können im Erziehungsprozess analysiert und diskutiert werden; den Schritt hin zu der Frage, was das rechte Maß in einer bestimmten Handlungssituation darstellt, kann das Subjekt nur selbst tun.

Die von Aristoteles formulierten drei Formen oder Stufen der Moralentwicklung kann man in den neueren Forschungsergebnissen von Kohlberg wiederentdecken. Dieser hatte in einer Langzeitstudie drei Stufen der menschlichen Moralentwicklung formuliert: Zunächst durchlaufe der Mensch eine physische Phase, in der er allein ein egozentrisches Urteil bilden kann. In der zweiten, von Kohlberg als »konventionell« bezeichneten Phase passe sich der Mensch dem Ethos der Kultur an und gewöhne sich an diesen. In der letzten, postkonventionellen Phase entwickle der Mensch Vernunft, um sozusagen aus einer »Metaebene« moralische Prinzipien zu erkennen und selbst zu entwickeln.

Wenn wir also auf unser Eingangsbespiel und die Frage, wie viele Kleidungsstücke der Mensch benötigt, zurückkommen, so wird man kaum durch Lehrprozesse vermitteln können, was in dieser Frage tugendhaft ist. Vielleicht kann man in einem Lehrgespräch über diese Frage reflektieren. Durch spezifische Fragestellungen könnte man die Vernunft des Menschen anregen und bilden: Woran misst sich, wie viele Bekleidungsstücke für einen Menschen genug sind? Sind die sozialen und ökologischen Risiken der Produktion verantwortbar? Was wäre in dieser Frage ein Maßstab für das sittlich Gute? Gewiss-

heit, dass man durch die Thematisierung solcher Fragen die Tugendhaftigkeit im Menschen erzeugt, gibt es nicht. Auch eine Prüfung zu
dieser Frage erscheint aussichtslos; denn ob ein Mensch tatsächlich
tugendhaft handelt, zeigt sich grundsätzlich erst in der Lebenspraxis.

Auch wenn man Tugendhaftigkeit durch Bildungsprozesse nicht
unmittelbar hervorrufen kann, war Erziehung in der Geschichte
immer auch darauf gerichtet, einer spezifischen, kulturell geprägten
und den jeweiligen Wertorientierungen entsprechenden Zielsetzung
zu dienen. Oft ist Moralerziehung in der Vergangenheit durch Übertreibung und Dogmatisierung missbraucht worden. Bei Bildung muss
es um die Bewusstmachung der Bedürfnisse des Lernsubjekts gehen
und nicht darum, ihm moralische Vorschriften zu machen. Der
Mensch soll lernen, über sein Verhalten und seine wahren Bedürfnisse zu reflektieren.

9.2 Mäßigung und Moralentwicklung

Mäßigung erscheint im Vergleich mit den drei anderen Grundtu-
genden zunächst als eher unpolitisch; denn sie bezieht sich als die
Fähigkeit, körperliche, seelische und geistige Kräfte zu einer person-
gemäßen Einheit zu formen, zunächst auf das Individuum und seine
Lebensgestaltung. Sutor verweist allerdings darauf, dass die politische
Bedeutung der Tugend Mäßigung mit der Ökologieproblematik deut-
lich gewachsen sei und die Gesellschaft vor neue Aufgaben stelle (vgl.
Sutor 1997, 101).

Moral wird in der modernen Gesellschaft kaum noch thematisiert.
Moralisches Handeln ist aber trotzdem eine permanente Tatsache.
Bayertz stellt fest, dass, wenn man von der kantischen Unterscheidung zwischen einem Handeln »aus Pflicht« und einem Handeln in
äußerer Übereinstimmung mit der Pflicht absieht, von einem »Faktum der Moral« sprechen könne: »Es ist eine Tatsache, dass die meisten Menschen meistens moralisch handeln.« (Bayertz 2015, 7) Eine
zentrale bildungstheoretische Problemstellung bei der Moralentwicklung besteht darin, wie man ethische Wertmaßstäbe für die Beurteilung von richtig und falsch, gerecht und ungerecht, zulässig und

unzulässig oder zu viel und zu wenig für Bildungsprozesse aufberei-
tet, entwickelt und fördert. In der Vergangenheit bestand der Feh-
ler einer »moralisierenden Moralerziehung« darin, dass Lehrende
vorab festgelegte Maßstäbe richtigen Verhaltens zu kennen glaubten
und versuchten, Lernende von deren Richtigkeit zu überzeugen und
ihr Denken und Handeln dem von Dritten als richtig Anerkannten
anzupassen. Solche Erziehungsprozesse wurden von der Überzeugung geprägt, dass eine moralische Instanz weiß, was richtig, gerecht,
fair und angemessen sei. Moralisieren ist weitgehend identisch mit
Indoktrination und wird zusätzlich zur Gefahr, wenn moralische
Maßstäbe mit Machtmitteln – in der Schule beispielsweise mittels
Noten – durchgesetzt werden sollen. Eine moralisierende Erziehung
glaubt, richtige und oft auch strenge Kriterien zur Beurteilung von
Handlungsweisen zu besitzen, und versucht, die zu Erziehenden entsprechend zu beeinflussen. Moralerziehung, die in solchem Sinne
moralisiert und dabei womöglich noch mit Mitteln der Strafe oder
der Angst versucht, bestimmte Wertmaßstäbe durchzusetzen, hat
sich in der Vergangenheit als nicht erfolgreich, in der Regel sogar als
kontraproduktiv erwiesen; denn Lernprozesse, die man mithilfe von
Mitteln der Angst vor irgendwelchen Konsequenzen durchzusetzen
versucht, wirken nicht nachhaltig und haben immer wieder auch zu
psychischen Konflikten bei den Zöglingen geführt. Denn wenn

>»der Grund für das moralische Tun die Angst vor einer äußeren Auto-
rität und ihrer Strafe wäre[, dann] wären wir Knechte. Nicht viel
anders wäre es, wenn die Angst eine Angst vor einer verinnerlichten
Autorität wäre. Jetzt wären wir Knechte durch und vor uns selbst.
Wenn moralisches Bewusstsein mit Selbstbestimmung verträglich sein
soll, dann darf es nicht in Angst begründet sein und auch nicht in dür-
rer Pflichterfüllung. Es muss sich seinerseits als Ausdruck von Selbstbestimmung verstehen lassen. Eine Möglichkeit ist, es im Sinne eines
aufgeklärten, vernünftigen Eigeninteresses zu lesen: Es geht uns allen
besser, wenn wir uns an moralische Spielregeln halten, denn dadurch
wird der übrige Spielraum der Selbstbestimmung größer als in einem
feindseligen Chaos.« (Bieri 2013, 28 f.)

Wenn Menschen nicht von selbst und in Freiheit von der Richtigkeit eines Handelns überzeugt sind, werden sie sich nur in solchen Situationen entsprechend moralischen Maßstäben verhalten, in denen sie eine Strafe oder andere negative Auswirkungen ihres Verhaltens befürchten. Sobald jedoch ein unmoralisches, das heißt ein nicht den vorgegebenen Kriterien entsprechendes Verhalten keine negativen Konsequenzen mit sich bringt oder gar Vorzüge verspricht, werden die so Erzogenen schnell wieder gegen die aufgezwungenen moralische Maßstäbe verstoßen.

Moralerziehung kann also nur dann erfolgreich sein, wenn sie auf der Vermittlung von Einsicht in die Sinnhaftigkeit eines bestimmten Verhaltens aufbaut. Sie kann nicht zum Ziel haben, den Menschen vorzuschreiben, wie sie leben sollen, was sie konsumieren dürfen oder worauf zu verzichten ist. Vielmehr geht es darum, den Menschen eine Entscheidungshilfe für ein verantwortungsvolles und reflektiertes Leben zu geben. Moralische Maßstäbe menschlichen Handelns stehen immer zur Disposition und können nur durch Reflexion und Diskurs zum Gegenstand von Lernprozessen gemacht werden und erst dadurch letztlich zu einem moralischen Handeln aus eigener Überzeugung beitragen.

Moralisches Verhalten und Handeln ist ein Modus der Selbstbestimmung und Eigenverantwortung. An dieser Feststellung kann kein Lehrplan und darf keine Zeugnisnote etwas ändern. Andererseits ist Ethik als Fundament und Begründungskontext moralischen Handelns als eine Kunst der Lebensführung zu verstehen. Sie beschäftigt sich überwiegend mit drei Fragestellungen:
1. Was ist das höchste Gut, das der Mensch anstreben beziehungsweise erreichen kann?
2. Was sind Prinzipien des guten Handelns?
3. Wie abhängig beziehungsweise frei ist mein Handeln?
Um sich den Bedingungen des moralischen Handelns anzunähern, sollen die Bedingungen menschlichen Handelns betrachtet werden. Menschliche Handlungen, die bewusst und freiwillig vorgenommen werden, dienen einer Absicht, die das Subjekt verfolgt (siehe Abbildung 3). Bei der Ausführung einer Handlung kann der Mensch sich

zwischen zwei Möglichkeiten entscheiden: dem Tun und dem Unterlassen. Beide Handlungsmöglichkeiten haben im Hinblick auf Mäßigung eine ethische Dimension, auch wenn einem hier zunächst eher das Unterlassen einer Handlung in den Sinn kommen mag. Wenn ich aber eine Handlung mit einer bestimmten Absicht ausführe, so ergeben sich hieraus Folgen, und zwar solche, die ich beabsichtigt habe, und solche, die ich bewusst oder auch unbewusst als Nebenfolgen meines Tuns in Kauf nehme. Am Kauf von Bekleidung kann man den Handlungsablauf veranschaulichen. Meine Absicht, mir eine neue Hose zu kaufen, mag darauf abzielen, dass ich Kleidung zum Schutz vor Witterung benötige und sie zugleich auch meiner Selbstdarstellung in meinem sozialen Umfeld dienen soll. Die Nebenfolgen, die ich dabei bewusst oder unbewusst in Kauf nehme, können zum Beispiel sozial und ökologisch negative Auswirkungen bei der Produktion von Bekleidung sein.

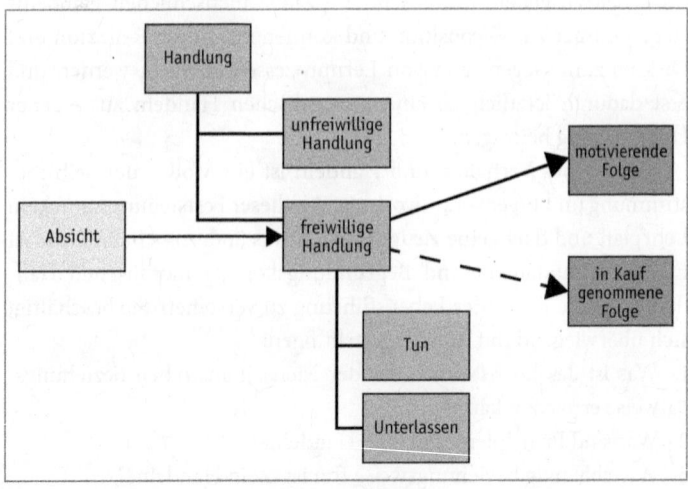

Abb. 3: Komponenten einer Handlung (Erwin 2017a)

Bei der ethischen Betrachtung einer Handlung ist weiter zu differenzieren: Die Absicht oder der Wille zu einer menschlichen Handlung wird von verschiedenen Faktoren beeinflusst. Hierzu gehören kontrollierte und unkontrollierte Affekte, die Vernunft des Menschen sowie seine Wertorientierung. Entsprechend den jeweiligen Tendenzen der Einflussfaktoren können die gewollten menschlichen Handlungen als gut oder schlecht, wertvoll oder wertlos, sinnvoll oder sinnlos bewertet werden.

Betrachtet man nun die verschiedenen Einflussfaktoren auf eine menschliche Handlung (siehe Abbildung 4) unter der Perspektive pädagogischer Einflussnahme, so können durch die Bildung der Vernunft und die Aufklärung über ethische Alternativen – Tugenden – die Affekte und der Wille als Grundelemente der Ausrichtung dieser Handlung geprägt werden. Der Wille des Menschen wird aber zugleich maßgeblich auch von außen beeinflusst. Der Mensch strebt ein bestimmtes Ziel der inneren Zufriedenheit und des Glücks an. Was dieses höchste Gut darstellt, mit welchen Inhalten und Vorstellungen es gefüllt ist, hängt sowohl von äußeren (extrinsischen) wie von inneren (intrinsischen) Faktoren ab.

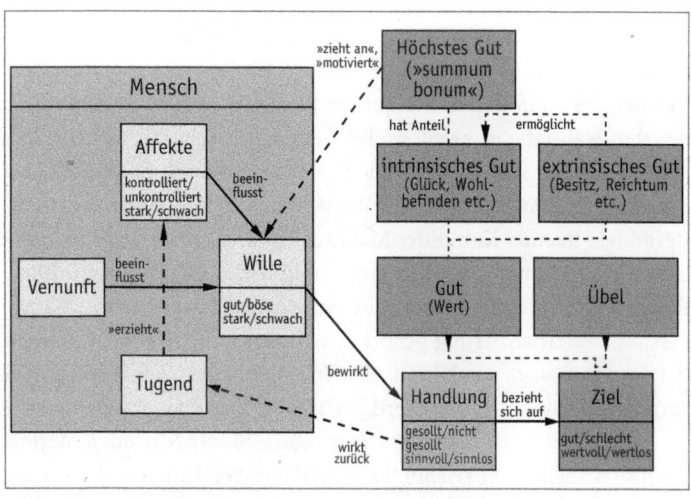

Abb. 4: Ethische Grundbegriffe in ihrem Zusammenhang (Erwin 2017b)

Wird den Menschen in einer Kultur permanent die Botschaft vermittelt, dass Besitz das Fundament des Lebensglücks darstellt, wirkt sich das selbstverständlich auch auf ihr konkretes Denken und Handeln aus. Es bedarf schon eines sehr starken und überzeugenden Gegenwirkens, um ein solches Glücksversprechen zu widerlegen. Insofern verdeutlicht Abbildung 4 die Komplexität einer Bildung zur Mäßigung in einem kulturellen Umfeld der Maßlosigkeit.

Um zu erkennen, wie eine pädagogisch verantwortbare Förderung ethischen Handelns zur Mäßigung möglich wäre, ist die Auseinandersetzung mit der Theorie der Moralentwicklung des Menschen hilfreich: Wie entwickeln Menschen moralische Urteile, und unter welchen Voraussetzungen handeln sie entsprechend ihren Moralvorstellungen?

Kohlberg versteht unter Moralentwicklung jene »Aspekte der Sozialisation, die am Prozess der Internalisierung beteiligt sind, d. h. dazu führen, dass ein Individuum lernt, den Regeln auch in Situationen zu entsprechen, in denen es keine Überwachung und keine Sanktionen gibt – selbst wenn der Impuls geweckt wird, diese Regeln zu verletzen« (Kohlberg 1997, 7). Er verweist auf drei unterschiedliche Aspekte der Internalisierung grundlegender kultureller Regeln: Ein verhaltensbezogenes Kriterium der Internalisierung ist erstens das der intrinsisch motivierten Konformität oder des »Widerstands gegen Versuchung«. Ein weiteres Kriterium für das Vorhandensein internalisierter Maßstäbe ist zweitens das Gefühl von Schuld, das heißt das Auftreten von selbstbestrafenden, selbstkritischen Empfindungen der Reue und Angst nach einer Verletzung der kulturellen Normen. Besondere in einer Kultur der Maßlosigkeit und Verschwendung stellen sich die Fragen, wie die Menschen in diesem Umfeld tatsächlich Reuegefühle entwickeln und Bildungsprozesse etwas bewirken können. Zur Internalisierung gehört drittens auch die Fähigkeit, Urteile auf der Grundlage von Wertmaßstäben zu fällen und sich selbst und anderen gegenüber zu rechtfertigen, also zu begründen, warum man einen Wertmaßstab anerkennt (vgl. ebd., 8). An diesen Kriterien kann sich auch eine Erziehung zur Mäßigung orientieren. Sie müsste mögliche Maßstäbe sowie Fragen eines rechten Maßes thematisieren und die Urteilskraft in dieser Hinsicht fördern.

Tugenden stehen in enger Beziehung zu Moral und Ethik und beschäftigen sich mit den von einem bestimmten religiösen oder philosophischen Standpunkt aus geforderten guten menschlichen Eigenschaften. Bei der Bildung eines moralischen Urteils geht es um das Denken, Urteilen und Handeln im Kontext der mit Mäßigung zusammenhängenden moralischen Problemstellungen. Kohlberg, der in seinen Untersuchungen affektive Aspekte der moralischen Entwicklung vernachlässigt, geht davon aus, dass der Mensch für ein moralisches Urteil zunächst logisch denken können muss. Er ist davon überzeugt, dass zur Entwicklung eines moralischen Bewusstseins Fortschritte in folgenden drei Bereichen erforderlich sind (vgl. Kohlberg 1997, 128 ff.):

1. Der Mensch muss zunächst seine soziale Perspektive erweitern können, weg vom reinen Egozentrismus hin zur Berücsichtigung der Ansprüche anderer Menschen in einer Gesellschaft.

2. Er muss seine moralische Selbstbestimmung entwickeln, also erlernen, moralische Normen zu hinterfragen und zu begründen.

3. Er muss sich ständig um eine Verbesserung der Begründung der Regeln seines Handelns bemühen. Seine zunächst rein egozentrisch orientierte Lust/Unlust-Begründung muss sich schrittweise zu einer abstrakten, postkonventionellen Normbegründung weiterentwickeln.

Um ein moralisches Urteil zu entwickeln, bedarf es einer bestimmten Abfolge von Denk- und Wahrnehmungsoperationen, zu denen der Mensch fähig sein muss, um überhaupt moralisch handeln zu können. Kohlberg gliederte sein sechsstufiges Modell der Moralentwicklung in drei Dimensionen (siehe Abbildung 5): »1. Was gilt als richtig? 2. Mit welchen Gründen wird das Richtige vertreten? und 3. Welche soziale Perspektive steht im Hintergrund der jeweiligen Stufe?« (Ebd., 127) Die Entwicklungsschritte bewegen sich von logischen Denkoperationen zur sozialen Wahrnehmung hin zum moralischen Urteil.

Der Mensch, so spezifiziert Kohlberg die einzelnen Stufen seines Modells der Moralentwicklung, würde zuerst ein logisches Stadium erreichen, das ihm Denkoperationen erlaube, um in der Welt überhaupt systemisch verknüpfte Variablen zu identifizieren. Erst danach erreiche er ein Niveau der sozialen Wahrnehmung, das ihm die Einsicht in die Perspektive anderer Menschen erlaube. Auf der Grundlage dieser kognitiven Entwicklung sei dann die Erreichung der Stufe

4 des moralischen Urteils möglich, »auf der das Wohl und die Ordnung der Gesamtgesellschaft zum Bezugspunkt des Urteils über ›fair‹ und ›richtig‹ werden« (Kohlberg 1997, 125).

Niveau I Präkonventionelles Urteil	**Stufe 1: Heteronome Moralität** Regeln werden eingehalten, um Strafe zu vermeiden. Die eigene und die Perspektive der Autorität werden verwechselt. **Stufe 2: Individualismus, Zielbewusstsein und Austausch** Regeln werden eingehalten, wenn es der Befriedigung eigener Bedürfnisse dient. Es wird anerkannt, dass andere Menschen auch eigene Bedürfnisse haben.
Niveau II Konventionelles Urteil	**Stufe 3: Wechselseitige Erwartungen, Beziehungen und interpersonelle Konformität** Regeln werden befolgt, indem man sich an den Erwartungen anderer orientiert. **Stufe 4: Soziales System und Gewissen** Der Standpunkt des Systems, das Rollen und Regeln (Gesetze) festlegt, wird übernommen.
Niveau III Postkonventionelles bzw. prinzipiengeleitetes Urteil	**Stufe 5: Stufe der gesellschaftlichen Nützlichkeit** Der Gesellschaft vorgeordnete Perspektive. Es werden sowohl moralische wie legale Gesichtspunkte in Betracht gezogen und erkannt, dass sie gelegentlich in Widerspruch geraten. **Stufe 6: Stufe der universalen ethischen Prinzipien** Perspektive eines ›moralischen Standpunktes‹. Die rationale Person glaubt an die Gültigkeit universaler moralischer Prinzipien und verspürt eine persönliche Verpflichtung ihnen gegenüber.

Abb. 5: Stufen der Moralentwicklung nach Lawrence Kohlberg (Kohlberg 1997, 128 ff.; eigene Darstellung)

In seiner Entwicklung durchläuft der Mensch idealerweise drei moralische Niveaus:

»*Die präkonventionelle Ebene ist die moralische Denkebene der meisten Kinder bis zum 9. Lebensjahr, einiger Jugendlicher und vieler jugendlicher und erwachsener Straftäter. Der konventionellen Ebene sind in unserer und in anderen Gesellschaften die meisten Jugendlichen und Erwachsenen zuzurechnen. [...] Der Begriff ›konventionell‹ bedeutet, dass man den Regeln, Erwartungen und Konventionen der Gesellschaft oder einer Autorität ebendeshalb entspricht und sie billigt, weil sie die Regeln, Erwartungen und Konventionen der Gesellschaft sind. Die postkonventionelle Ebene wird nur von einer Minorität von Erwachsenen erreicht – und das in der Regel erst nach dem 20. Lebensjahr.*« (Ebd., 126 f.)

In unserer gegenwärtigen Kultur wird das moralisch praktizierte Verhalten der Menschen wohl überwiegend der Stufe 2 einer instrumentell-relativistischen Orientierung zuzuordnen sein. Auf dieser Stufe der Moralentwicklung erkennen die Menschen die Gegenseitigkeit ihres Verhaltens an und betrachten ein rechtes Handeln als ein solches, durch das vorrangig die eigenen Bedürfnisse und gelegentlich die von anderen – als Mittel aus instrumenteller Absicht – befriedigt werden. Menschliche Beziehungen werden auf dieser Stufe vergleichbar mit der Austauschbeziehung eines ökonomischen Marktes verstanden. Die Menschen orientieren ihr Verhalten überwiegend am Prinzip der Gegenseitigkeit. Sie reagieren kooperativ auf kooperatives Verhalten und üben Rache für ihnen zugefügtes Leid. Man spricht von der sogenannten »tit for tat«- oder »do ut des«-Regel, die übersetzt so viel bedeutet wie »ich gebe, damit du gibst« oder »wie du mir, so ich dir«. Nach dieser Regel wird lediglich Gleiches mit Gleichem vergolten, eine moralische Norm um eines höheren Zieles als dem des Eigeninteresses willen liegt (noch) außerhalb der Möglichkeiten. Besonders im Hinblick auf die Tugend der Mäßigung muss man in der gegenwärtigen kapitalistisch geprägten Kultur feststellen, dass die Stufe 2 der Moralentwicklung nur selten überschritten wird. Diese Kultur basiert auf Konkurrenz der Gesellschaftmitglieder und ist auf permanent steigenden Konsum ausgerichtet. Mäßigung und Solidarität stehen den Grundsätzen des Systems entgegen.

Die Ethik der gegenwärtigen Kultur beruht weitgehend auf einem egoistischen, individualistischen Standpunkt. Die Menschen verfolgen ihre Zielsetzungen meist ohne Rücksicht darauf, ob ihr Handeln anderen oder auch künftigen Generationen schadet. Die Maßstäbe des eigenen Handelns werden ohne oder auch gegen die Interessen der anderen bestimmt. Dieses Konkurrenzdenken bildet das Fundament für das Funktionieren eines liberalen Wirtschaftssystems, dessen Vordenker Adam Smith es für vorteilhaft für alle Beteiligten hielt, wenn jeder Mensch in Freiheit nur seine eigenen Interessen verfolgt. Seine ideologische Fundierung für den ökonomischen Individualismus beschreibt Smith in den »Untersuchungen über Natur und Ursache des Wohlstands der Nationen« folgendermaßen:

»Das natürliche Bestreben jedes Menschen, seine Lage zu verbessern, ist [...] ein so wichtiges Prinzip, dass es [...] die Gesellschaft zum Wohlstand und Reichtum führt [...] Stets sind alle Menschen darauf bedacht, die für sie vorteilhafteste Anlage ihrer Kapitalien ausfindig zu machen. In der Tat hat jeder dabei nur seinen eigenen Vorteil, nicht aber das Wohl der gesamten Volkswirtschaft im Auge. Aber das Erpicht-sein auf seinen eigenen Vorteil führt ihn ganz von selbst oder – besser gesagt – notwendigerweise dazu, derjenigen Kapitalanlage den Vorzug zu geben, die zu gleicher Zeit für die Volkswirtschaft als Ganzes am vorteilhaftesten ist« (Smith zit. n. Seiters/Walz 1971, 13 f.).

Smith betrachtet den Individualismus beziehungsweise Egoismus des Menschen also als Motor für das Wohlergehen der Gesamtgesellschaft. In sozialer Hinsicht hat sich diese Hypothese in der Vergangenheit oft als falsch erwiesen und scheint nunmehr auch ökologisch in eine Katastrophe zu führen (vgl. Rapp 2003). Eine prinzipiengeleitete Orientierung des gesellschaftlichen wie individuellen Handelns an den Bedürfnissen künftiger Generationen ist in diesem System kaum zu erkennen.

Die moralische Dimension von Mäßigung besteht darin, dass unmäßiges Verhalten in einer Gesellschaft zumeist auf Kosten oder zulasten anderer Mitglieder geht, wobei hier gerade auch im Hinblick auf die Frage nach einer nachhaltigen Entwicklung an die nachkommenden Generationen zu denken ist. Wer sich maßlos verhält und sich ohne Rücksicht auf andere seinen Teil nimmt, schadet mit diesem Verhalten anderen, besonders dann, wenn nicht genug für ein menschenwürdiges Leben aller vorhanden ist. Maßlosigkeit führt zu einer ungleichen Verteilung von Ressourcen, wobei hiermit nicht allein Konsumgüter, sondern auch allgemeine Güter wie Zeit und Raum einzubeziehen sind. In diesem Sinne sollte eine sozial-moralische Entwicklung ein gesellschaftliches und globales Gleichgewicht anstreben. In einer ökonomischen Kultur wie dem Neoliberalismus, dessen Philosophie und Strukturen auf dem Konkurrenzprinzip der Wirtschaftsteilnehmer beruht, ist eine möglichst weitgehende Gleichverteilung des Einkommens oder des Vermögens kaum zu realisieren.

Mäßigung ist zugleich auch ein lebensphilosophisches Prinzip, das seit der Antike als Grundsatz für ein gelungenes Leben, für Glück und Zufriedenheit gilt. Viele Philosophen waren sich einig, dass ein Leben, das nach immer mehr strebt, zugleich von permanenter Unzufriedenheit bestimmt sein kann. Solche Unzufriedenheit resultiert aus dem Vergleich mit anderen und einem Gefühl des Neids. Man sucht, insbesondere bei mangelndem Selbstwertgefühl und fehlender Willensstärke, den Maßstab für das eigene Verhalten in Verhaltensmustern anderer Menschen.

Im Vordergrund für die Entscheidung, ob man etwas haben oder erreichen will, steht nicht die Reflexion über vernünftige Zwecke, sondern der Blick auf die anderen, wodurch beispielsweise der Wunsch entsteht, ein größeres Auto zu fahren, häufiger Urlaub zu machen oder ein größeres Haus zu besitzen. Ein größeres Auto schafft man sich nicht aus dem eigentlichen Zweck an, um damit von einem Ort zum anderen zu kommen, sondern um seinem sozialen Umfeld zu imponieren. Werden solche Verhaltensmuster in einer Kultur bestimmend, werden die Menschen zu Getriebenen eines falsch verstandenen Strebens nach Glück und Zufriedenheit. Die Forderung nach dem rechten Maß ist sowohl moralisch als auch lebenspraktisch begründet. Sie dient der Gerechtigkeit und einem zufriedenen Leben.

Die Förderung einer Tugend ist auch dann oder gerade dann sinnvoll und erforderlich, wenn der überwiegende Teil einer Gesellschaft maßlos lebt und sich gierig verhält. Bereits an anderer Stelle wurde darauf hingewiesen, dass die Menschen in reichen Industrieländern oft unglücklicher und unzufriedener sind als die Bewohner ärmerer Kulturen. Darüber hinaus hatte Immanuel Kant deutlich gemacht, dass die ständige Verletzung einer moralischen Regel nicht zwangsläufig gegen die Richtigkeit der Regel spricht. Wenn zum Beispiel ein jeder lügt, so fragte er, »wäre deshalb das Wahrreden eine bloße Grille?« (Kant 1995 Bd. 5, 701) Analog ließe sich fragen, ob das Streben nach Mäßigung nur deshalb illusorisch, unrealistisch oder gar falsch ist, weil sich eine ganze Kultur der Maßlosigkeit verschrieben hat.

9.3 Mäßigung durch ästhetische Bildung

Allgemein ist man der Auffassung, dass das Bewusstsein für die Umweltkrise ursprünglich aus den vermehrt auftretenden (Umwelt-) Katastrophen entstanden ist. Sicherlich hatten solche Ereignisse wie beispielsweise 1986 der »Größte Anzunehmende Unfall« (GAU) im Atomkraftwerk Tschernobyl das öffentliche Bewusstsein erregt und die Menschen bewegt. Einen großen Beitrag zur Wahrnehmung der Krise hat vermutlich aber auch die Zerstörung der Ästhetik der Umwelt geleistet. Sachs behauptet deshalb, die Umweltbewegung sei eher aus einem ästhetischen Impuls heraus entstanden (vgl. Sachs 2001). Er meint, dass sich der Protest am Beginn besonders »gegen die weitere Verbreitung des Hässlichen und des Zerstörerischen – also der konkreten Erfahrung der Disproportionalität, des Unmäßigen, der Maßlosigkeit« (ebd.) – gewendet habe. Der Verlust des rechten Maßes in seinen vielfältigen Formen beförderte das Krisenbewusstsein der Menschen. Die Schlussfolgerung aus dieser Erkenntnis lautet, dass erst eine »Ästhetik des Maßes« die Menschheit wieder zur Besinnung bringen kann. Bei der Bestimmung einer solchen Ästhetik geht es nicht nur um die optischen Dimensionen der Lebenswelt, sondern auch um gelassene Zeitmaße und eine harmonische Gestaltung des Raums.

Jeder Mensch mit einer natürlichen Sensibilität und einem gesunden Verstand besitzt ein Gespür für das rechte Maß. Dieses Gefühl gerät in Unruhe, wenn ein Maß über- oder unterschritten wird. Zustände der Maßlosigkeit, sei es bei der Reichtumsverteilung in einer Gesellschaft oder bei der Fläche, die einem ausgewachsenen Schwein in der Massentierhaltung zugestanden wird, erzeugen im Menschen ein natürliches Unwohlsein. Dieses Unwohlsein resultiert aus einer durch Maßlosigkeit hervorgerufenen Verletzung eines natürlichen Gespürs des Menschen. Ästhetische Bildung kann dazu beitragen, dieses Gespür zu erhalten und zu fördern. Sie ist eng mit der Entwicklung und Förderung einer ethischen Orientierung verbunden; denn jede ästhetische Erfahrung schärft das ethische Bewusstsein des Menschen. Joseph Brodsky hat einmal festgestellt, dass die Ästhetik die Mutter der Ethik sei:

»Unsere Kategorien von ›gut‹ und ›schlecht‹ sind zuallererst ästheti-
scher Natur und etymologisch älter als unsere Begriffe von ›gut‹ und
›böse‹. Wenn in der Ethik ›nicht alles erlaubt‹ ist, dann ebendarum,
weil auch in der Ästhetik ›nicht alles erlaubt‹ ist, weil die Zahl der
Farben im Spektrum begrenzt ist. Der zarte Säugling, der durch sein
Weinen den Fremden abweist oder aber die Hand nach ihm ausstreckt,
tut dies instinktiv und bringt so eine ästhetische, nicht eine moralische
Entscheidung zum Ausdruck.« (Brodsky 1988)

Die Geschichte des Ausdrucks »Ästhetik« in der Philosophie spiegelt
die repressive Behandlung der sinnlichen (und damit der »körper-
wirklichen«) erkennenden Prozesse wider. Die philosophische Disziplin der Ästhetik versucht einen Ausgleich zwischen der Ordnung
der Sinnlichkeit und der vorherrschenden Ordnung der Vernunft
herzustellen. Sie ist bemüht, die zentrale Position der ästhetischen
Funktion nachzuweisen und sie als existenzielle Kategorie einzufüh-
ren. Sie rehabilitiert die inhärenten Wahrheitswerte der Sinne gegen
eine Herabsetzung durch das herrschende Realitätsprinzip. Ästhetik
ist die frei von äußerem Zwang oder Moral vom Individuum herbei-
geführte Harmonie von sinnlichen und rationalen Erfahrungen. In
die Kulturphilosophie eingeführt, zielt der Begriff auf eine Befreiung
der Sinne, die keineswegs eine Zerstörung der Kultur zur Folge hätte,
sondern ihr eine festere Grundlage und erweiterte Möglichkeiten ver-
schafft.

Den theoretischen Zusammenhang zwischen der Maßlosigkeit des
Menschen und einer deformierten Sinnlichkeit findet man bereits in
der antiken Philosophie. Bei Aristoteles wird der zur Einzeltugend
»Mäßigkeit« gehörende Affekt beziehungsweise Handlungsbereich
als »Lust« respektive »Unlust« bezeichnet (vgl. Anmerkungen von
Wolf in Aristoteles 2006, 357). Ein Übermaß im Handeln nennt er
»Unmäßigkeit« und der Mangel an Mäßigkeit wird als »Empfin-
dungslosigkeit«, als »anaisthesia«, beschrieben. In dieser griechischen
Übersetzung des Wortes ist ein mangelndes ästhetisches Empfinden
gespiegelt. Menschen fehlt ein Gefühl dafür, dass sie ein Maß überschreiten. Indem man also Maßlosigkeit als Mangel an Empfindung

charakterisiert, wird der Zusammenhang zwischen Mäßigkeit und ästhetischer Bildung erkennbar.

Adorno hat der Kunst und damit implizit einer ästhetischen Erziehung im Prozess der Überwindung einer Kultur, die die Natur und die Menschen entfremdet und vergewaltigt, eine besondere Rolle zugewiesen. Denn »Kunst hat inmitten herrschender Utilität zunächst wirklich etwas von Utopie; sie verweist auf das Andere, vom Getriebe des Produktions- und Reproduktionsprozesses der Gesellschaft Ausgenommene, dem Realitätsprinzip nicht Unterworfene« (Adorno 1970–1986, GS Bd. 7, 461). Die Kunst vermag es, überkommene Sinnzusammenhänge, Normen und Konventionen infrage zu stellen, den Gewaltzusammenhang, der sich im Anschluss des Unvereinbaren und in den dadurch erreichten Synthesen zeigt, aufzudecken. Dadurch könnte sie gleichzeitig dazu beitragen, verfestigte Formen der Ich-Identität aufzulösen, zu verflüssigen und neue Prozesse der Subjektivierung zu bewirken. In der ästhetischen Erfahrung ist es noch möglich, dass das Ich »um ein Winziges über das Gefängnis hinausschaut, das es selbst ist« (Adorno 1973, 364). Hier wird das Andere der instrumentellen Vernunft erfahren, das das Nichtidentische ist. Die ästhetische Erfahrung weist auf Wahrheit, wobei das, was Wahrheit beziehungsweise das Wahre ist, sich nur in Widersprüchen fassen lässt.

Kunst eröffnet dem Menschen Maßstäbe außerhalb der sich aufgeklärt wähnenden Gesellschaft. »Die Erkenntnisfunktion, die Adorno authentischer Kunst [...] zuschreibt«, so fasst Kurt Lenk das Anliegen der Kritischen Theorie zusammen,

> »gründet sich auf deren Vermögen, vom System der verwalteten Welt noch unreglementierte Erfahrungen zu machen und zur Sprache zu bringen. Das, was dem identifizierenden, auf die bloße Verdoppelung des Nun-einmal-so-Seienden fixierten begrifflichen Denken der Wissenschaften abgeht, soll Kunst gleichsam noch einmal retten. Sie wird damit zu einer Art Kontrapunkt [...] der alles beherrschenden Kultur- und Vergnügungsindustrie, die gleichermaßen nur den bestehenden gesellschaftlichen Zustand durch dessen Verdoppelung verewigt. Während ideologische Massensteuerung die bereits formierten Menta-

litäten noch einmal für ihre Zwecke zurichtet, wodurch auf Seiten der
Adressaten jeder kritische Gedanke an mögliche Alternativen nichtig
wird, lässt Kunst, dort wo sie exakte Phantasie ins Spiel bringt, noch
etwas von der Utopie einer besseren Welt ahnen.« (Lenk 1995, 141)

In gegenwärtigen Bildungsprozessen fällt eine zunehmende Marginalisierung ästhetischer Bildung auf, die allerdings im historischen Kontext konsequent erscheint. Sie erklärt sich dadurch, dass Bildung heute weit mehr dem Realitätsprinzip herrschender Utilität unterworfen ist. Solche Bildung bedarf kaum der Fähigkeit zur Reflexion, schon gar nicht der Entwicklung von Fantasie – sofern sie nicht der Naturbeherrschung gilt –, sondern hat sich auf die Strategien zur Vermehrung des materiellen Reichtums zu konzentrieren. Dieses Defizit in der heutigen Bildungspraxis bedarf einer Korrektur.

Von Friedrich Schiller (1759–1805) stammt der wohl bekannteste Ansatz zur ästhetischen Erziehung. Schiller bringt darin den engen Zusammenhang zwischen Erziehung, Freiheit und einem versöhnlichen Naturverhältnis zum Ausdruck:

»Der Mensch kann sich [...] auf eine doppelte Weise entgegengesetzt
seyn: entweder als Wilder, wenn seine Gefühle über seine Grundsätze
herrschen; oder als Barbar, wenn seine Grundsätze seine Gefühle zer-
stören. Der Wilde verachtet die Kunst, und erkennt die Natur als sei-
nen unumschränkten Gebieter; der Barbar verspottet und entehrt die
Natur, aber verächtlicher als der Wilde fährt er häufig genug fort, der
Sklave seines Sklaven zu sein. Der gebildete Mensch macht die Natur
zu seinem Freund, und ehrt ihre Freyheit, indem er bloß ihre Willkür
zügelt.« (Schiller 1838, 13)

Diese Gedanken verweisen auf die Forderung nach einem dialektischen Verhältnis zur Natur, durch das der Mensch zugleich in die Lage versetzt würde, Maßstäbe und Grenzen zu erkennen.

Ästhetische Bildung vermittelt den Menschen ein Gespür, wie sie die Natur zu ihrem Freund machen können, und sie nicht zu zerstören beziehungsweise nur begrenzt zu nutzen. Dieses Gespür entwickelt sich in einem Abwägungsprozess zwischen der Zügelung natürlicher Willkür und der Ehrung natürlichen Lebens. Unsere gegenwärtige Kultur konzentriert sich nahezu ausschließlich und mittlerweile bis tief in Strukturen atomarer und genetischer Dispositionen hinein auf die Zügelung natürlicher Willkür. Die von Schiller schon seinerzeit wahrgenommene barbarische Verspottung und Entehrung der Natur ist in der Industriekultur allenthalben zu beobachten.

Während die gegenwärtige Kultur und in ihr die Bildungsprozesse auf die Nutzung der Natur und deren Unterdrückung gerichtet sind, wäre für eine Versöhnung mit ihr heute weit mehr eine Bildung der sinnlichen Empfänglichkeit für die Freiheit und Schönheit der Natur erforderlich. Die Verabsolutierung der Naturbeherrschung durch die Förderung der instrumentellen Vernunft macht die Kultur zur Barbarei. Die Menschen können in dieser Kultur nicht ihr wahres Wesen entwickeln, sondern sind Sklaven ihres eigenen Denkens und Verhaltens. Es erscheint Schiller nicht verwunderlich, dass diese Kultur den Menschen fremd bleibt. Damit »das Abstrakt des Ganzen sein dürftiges Dasein friste«, so schreibt er, werde »allmählich das einzelne konkrete Leben vertilgt«, und »ewig bleibt der Staat seinen Bürgern fremd, weil ihn das Gefühl nirgends findet« (Schiller 1838, 21). Schiller betrachtet die Verabsolutierung der technischen und ökonomischen Vernunft schon zu seiner Zeit als Ursache für die Gefühlskälte der Kultur: »Der abstrakte Denker [hiermit bezeichnet Schiller den (Natur-)Wissenschaftler, T.V.] hat daher gar oft ein kaltes Herz, weil er die Eindrücke zergliedert, die doch nur als ein Ganzes die Seele rühren; der Geschäftsmann hat gar oft ein enges Herz, weil seine Einbildungskraft, in den einförmigen Kreis seines Berufs eingeschlossen, sich zu fremder Vorstellungsart nicht erweitern kann.« (Ebd., 23) Weil das technisch und ökonomisch dominierte Denken heute weit ausschließlicher die Kultur beherrscht als noch zu Schillers Zeiten, kann sich ein (Mit-)Gefühl für die Natur kaum noch entwickeln. Nur die Wahrnehmung der Ganzheit kann die Seele anrühren; dieses aber auch nur dann, wenn das Denken zur Fantasie befreit ist. Schiller sieht deshalb die »Ausbildung des Empfindungsvermögens« als ein dringendes Erziehungsziel an (ebd., 31). Gleichzeitig ging er davon aus, dass ein versöhnliches Verhältnis zwischen Menschen und Natur nur auf der Grundlage von Freiheit gelingen kann. »In dem ästhetischen Staate ist alles – auch das dienende Werkzeug ein freier Bürger, der mit dem edelsten gleiche Rechte hat, und der Verstand, der die duldende Masse unter seine Zwecke gewalttätig beugt, muss sie hier um ihre Bestimmung fragen.« (Ebd., 133) Die Formung der menschlichen Natur, wie sie heute in zunehmendem Maße zum Zwecke der Disziplinierung der Menschen für den Arbeitsmarkt erfolgt, steht im Widerspruch zu einer solchen Versöhnung und einer Lösung der gesellschaftlichen Naturkrise.

Die Befragung der Natur kann nicht allein über die menschliche Sprache erfolgen, weil die Sprache einen spezifisch menschlichen Maßstab für die Bestimmung der Dinge darstellt. Sprache dient dazu, Natur menschlichen Bedürfnissen entsprechend zu begreifen. In der Sprache können wir aber natürliche Zusammenhänge nur in beschränktem Maße bestimmen. In der Regel dient menschliche Sprache dazu, sich die Natur anzueignen und entsprechend menschlichen Bedürfnissen umzuformen. Eine Befragung der äußeren Natur im Hinblick einer Überwindung der gesellschaftlichen Naturkrise muss sich auch anderer Wahrnehmungsformen bedienen. Schiller war, wie viele Denker nach ihm, überzeugt, dass man nur durch die Entwicklung und Förderung der menschlichen Empfindung die Gewalt innerhalb der Gesellschaft wahrnehmen und zu ihrer Überwindung beitragen könne. Das entsprechende Mittel, dieses Gefühl im Menschen zu fördern, sah Schiller in einer ästhetischen Erziehung, durch die man den Menschen an die verloren gegangene Fähigkeit heranführen könnte, den in Andersens Märchen zum Ausdruck gebrachten Werdeschmerz der Dinge nachzuempfinden. Wenn wir den Schmerz, den wir den Mitmenschen, den natürlichen Lebensgrundlagen und kommenden Generationen zufügen, an jedem Kleidungsstück, jedem Gegenstand, den wir kaufen, nachempfinden, könnte es gelingen, dass wir uns aus diesem Mitgefühl heraus selbst Grenzen auferlegen.

Die Bedeutung der Ästhetik für die Beschränkung auf das Wesentliche und für das Aufspüren eines rechten Maßes liegt darin, dass wir nicht allein mit der Natur, sondern zugleich mit den schönen, künstlich vom Menschen geschaffenen Dingen einen anderen Umgang pflegen. Selbst wenn der Mensch kein ausgebildetes ästhetisches Empfinden besitzt, kann er ein Gefühl für die Schönheit der Dinge entwickeln und sie hegen und pflegen. Die Menschen sollten bestrebt sein, nur noch solche Dinge zu besitzen, die schön sind und eine bestimmte Funktion erfüllen. Ästhetische Bildung kann einen Beitrag leisten, ein Gefühl für die Schönheit der Dinge zu entwickeln, und hierdurch ihre Wertschätzung fördern.

9.4 Mäßigung durch Stärkung der Person

Mäßigung ist angesichts einer Kultur, die jegliche Maßstäbe verloren zu haben scheint und sich dabei selbst zu verlieren droht, eine moralische Forderung. Sie ist aber zugleich auch eine Lebensweisheit, die dem Selbstverlust des Individuums vorbeugen soll. Dazu erscheint es sinnvoll, den Menschen die Aufmerksamkeit und die Reflexionskraft zu vermitteln, wann ihr Handeln nicht einem bewusst selbst gesetzten Ziel dient, sondern vom Streben nach Ablenkung, Ersatzbefriedigung oder Dämpfung eines Schmerzes bestimmt wird.

Es ist in der Konsumforschung schon lange bekannt, dass Menschen den Kauf bestimmter Waren mit einem vermeintlichen Gewinn an sozialer Identität verbinden. Sie versuchen ihre Zugehörigkeit zu einer Gruppe zum Ausdruck zu bringen und im Ansehen ihrer Mitmenschen zu wachsen. Erich Fromm hat in seiner sozialpsychologischen Studie »Haben oder Sein« sehr genau den von ihm so genannten »Marketing-Charakter« des modernen Menschen beschrieben. Diese Bezeichnung hat er gewählt, weil der Einzelne in einem kapitalistischen System »sich selbst als Ware und den eigenen Wert nicht als ›Gebrauchswert‹, sondern als ›Tauschwert‹« (Fromm 1980, 141 f.) erlebe. Fromm beantwortet in seiner Analyse indirekt die Fragestellung, warum die Menschen nach immer mehr Konsum streben und sich nicht mäßigen können. Er stellt fest, dass Konsumieren eine Form des Habens und zugleich etwas Zweideutiges sei. Das Konsumieren »vermindert die Angst, weil mir das Konsumierte nicht weggenommen werden kann, aber es zwingt mich auch, immer mehr zu konsumieren, denn das einmal Konsumierte hört bald auf, mich zu befriedigen. Der moderne Konsument könnte sich mit der Formel identifizieren: Ich bin, was ich habe und was ich konsumiere.« (Fromm 1980, 37) Fromm verdeutlicht also, wie eng das Konsumieren und das Streben nach immer mehr verbunden sind mit der Suche nach Identität beziehungsweise der ständigen Angst des Selbstverlusts. Die Menschen benötigen geradezu wie Abhängige ständig neuen Konsum, weil sie nur so Verlustangst abbauen und immer wieder neu ihre Identität bestätigen können.

> »Die rätselhafte Frage, warum die heutigen Menschen zwar gerne kaufen und konsumieren, aber an dem Erworbenen so wenig hängen, findet ihre überzeugendste Antwort im Phänomen des Marketing-Charakters. Aufgrund seiner allgemeinen Beziehungsunfähigkeit ist er auch Dingen gegenüber gleichgültig. Was für ihn zählt, ist vielleicht das Prestige oder der Komfort, den bestimmte Dinge gewähren, aber die Dinge als solche haben keine Substanz. Sie sind total austauschbar, [...], da keine tieferen Bindungen an sie bestehen.« (Fromm 1980, 143 f.)

Im Umkehrschluss wird deutlich, wie bedeutsam die Stärkung der Persönlichkeit im Hinblick auf die Fähigkeit zur Mäßigung ist; denn ein starker Charakter braucht keine Selbstdefinition über das Immermehr an Konsum, sondern gewinnt seine Ich-Identität aus sich selbst heraus.

Im Hinblick auf die Forderung nach Mäßigung spielt die Persönlichkeitsbildung eine besondere Rolle. Rousseau sah im Erziehungsprozess die Förderung der Suche nach dem Weg zu den Bedürfnissen, die dem Menschen naturhaft eigen sind. Diese Suche nach einem Weg ist zugleich auch Aufklärung im Sinne von Kant. Es geht letztlich um die Stärkung der Person gegenüber den Verhältnissen und die Klärung der Sache zur Förderung eines reflektierten Lebensvollzugs. Ziel ist dabei nicht, den Menschen zur Anerkennung abstrakter moralischer Gesetzmäßigkeiten zu erziehen, sondern ihn zu sich selbst zu befreien. Bildung kann im Kontext von moralischen Überlegungen immer nur verstanden werden als Stärkung der Menschen gegen vereinnahmende Verhältnisse, wobei hier insbesondere die durch die Ökonomie hervorgerufenen Strukturen und Denkmuster gemeint sind, die nahezu totalitär die Kultur und die in ihr lebenden Menschen beherrschen.

Aus einer vertiefenden Kulturkritik erschließen sich in diesem Zusammenhang weitere Ziele und Wege für die Bildungspraxis. Hannah Arendt spricht im Zusammenhang neuzeitlichen Denkens und Empfindens von einer beispiellosen Weltlosigkeit. Was in der Neuzeit an die Stelle der Welt getreten sei,

> »ist das nur der Selbstreflexion zugängliche Bewusstsein, in dessen Felde die höchste Tätigkeit das Formelspiel des Verstandes ist und die intensivste Erfahrung die Begierden, die Lust- und Unlustempfindungen sind, die, körperlicher Natur, sich ›irrational‹ gebärden, weil man ihnen mit Vernunftgründen nicht beikommen, d. h. nicht mit ihnen rechnen kann, und die daher für Leidenschaften gehalten werden.«
> (Arendt 1996, 408)

Arendt stellt fest, dass aus dieser Entwicklung heraus das ganze Innenleben des Menschen in eine rational-rechnerische Verstandestätigkeit und ein irrational-leidenschaftliches Gefühlsleben auseinanderfalle und diese Spaltung den inneren Menschen auseinanderriss (ebd). Von einer solchen Spaltung spricht auch Günther Anders: »Der Mensch als solcher«, so schreibt er, existiere überhaupt gar nicht mehr, sondern nur »der Tuende oder Produzierende hier, der Fühlende dort; der Mensch als Produzierender oder als Fühlender« (Anders 1985, 272). Realität komme heute allein diesen spezialisierten Menschfragmenten zu. Anders verweist zum Beleg für diese Spaltung auf Angestellte in den Vernichtungslagern der Nazis, die sowohl ihre grausame Tätigkeit ausführen und zugleich gute Familienväter sein konnten. Die beiden Fragmente standen sich nicht mehr im Wege, weil sie einander schon nicht mehr kannten. Und Anders stellt bilanzierend fest, dass diese entsetzliche Harmlosigkeit des Entsetzlichen kein Einzelfall geblieben sei. »Wir alle sind die Nachfolger dieser im wahrsten Sinne schizophrenen Wesen.« (Ebd.) Die Spaltung unseres Bewusstseins zwischen Handeln und Fühlen besteht fort. Die Menschen in den Industrieländern wissen heute sehr genau, welche sozialen und ökologischen Folgen ihre überquellenden Kleiderschränke haben, unter welchen tierquälerischen Bedingungen ihre Nahrungsmittel produziert werden oder welche Klimafolgen ihre nächste Urlaubsreise mit sich bringt. Und trotzdem verhalten sie sich nicht im Sinne des sittlich Guten tugendhaft und mitfühlend.

Die beschriebene Spaltung menschlichen Innenlebens hat zur Maßlosigkeit im Umgang mit der Natur, zur Naturentfremdung und zum Selbstverlust der Menschen beigetragen. Die Geschichte des Abendlandes hat sich in den vergangenen 350 Jahren zunehmend einseitig auf das Wissen um eine mögliche Veränderung der Welt konzentriert und dabei das Wissen um die Beherrschung der inneren Natur vernachlässigt. »Die innere Lebens- und Seelentechnik, d.h. die Aufgabe, die Macht und Herrschaft des Willens und durch ihn des Geistes maximal über die Vorgänge des psychophysischen Organismus auszudehnen, […], trat gegen den Beherrschungszweck der äußeren und toten Natur, […], gewaltig zurück.« (Scheler 1977, 72f.) Scheler fordert deshalb die verstärkte Förderung einer »Innenweltbildung« des Menschen; denn beanspruche in einer Kultur eine Art des Wissens die Alleinherrschaft, so mahnt er, dann entstehe »für die Einheit und Harmonie des gesamten kulturellen Daseins des Menschen und für die Einheit der leiblichen und geistigen Natur des Menschen stets ein schwerer Schaden« (ebd., 24). Das rechte Maß wird in dieser Kultur verfehlt.

Schon Wilhelm von Humboldt warnte in seiner »Theorie der Bildung des Menschen« vor einer Gefahr der Entfremdung und des Selbstverlustes. Die Natur des Menschen, so seine im Hinblick auf heutige Probleme nach wie vor aktuelle Formulierung,

> »drängt ihn […] beständig von sich aus zu den Gegenständen außer ihm überzugehen, und hier kommt es nun darauf an, dass er in dieser Entfremdung nicht sich selbst verliere, sondern vielmehr von allem, was er außer sich vornimmt, immer das erhellende Licht und die wohl-

tätige Wärme in sein Inneres zurückstrahle. Zu dieser Absicht aber muss er die Masse der Gegenstände sich selbst näher bringen, diesem Stoff die Gestalt seines Geistes aufdrücken und beides einander ähnlicher machen.« (Humboldt 1793/1979, 26)

Der Geist des Idealismus, der in den Worten von Humboldts zum Ausdruck kommt, versuchte eine Brücke zwischen der Erkenntnisweise der Wissenschaft (dem wissenschaftlichen Materialismus) und der innerlich-individuell geprägten Erkenntnis zu schlagen. Dieser Idealismus, der in den philosophischen Überlegungen von Schelling und Hegel seinen Niederschlag gefunden hat, scheint für die Lösung der heutigen Krise wichtige Ansatzpunkte zu liefern. Erforderlich erscheint eine Synthese der Erkenntnismodi. Dabei sollte sich das individuelle Streben nach Wahrheit, das der Überbrückung der Subjekt-Objekt-Spaltung dient, dem »Formelspiel des Verstandes«, zu dem das neuzeitliche Denken verkommen ist, entgegenstellen. Nur die Beherrschung des eigenen Willens kann dem reinen triebhaften Instinkt entgegentreten, mit dem der Mensch den Lust- und Unlustempfindungen heute nachgeht und der ursächlich für seine Maßlosigkeit erscheint.

Die Förderung der Mäßigung innerhalb des individuellen Lebens erfordert die Fähigkeit zur Foucault'schen »Sorge um sich selbst«, die bereits ausführlich erläutert wurde. Foucault kommt zu der Erkenntnis, dass schon in verschiedenen frühen Formen der Philosophie ein enger Zusammenhang der Sorge um sich und der Fähigkeit zur Mäßigung begründet wurde. Mäßigung und Verzicht sollten nicht um ihrer selbst willen praktiziert werden; vielmehr solle der Mensch

»in den Stand versetzt werden, auf das Überflüssige zu verzichten, indem man eine Souveränität über sich gewinnt, die vollkommen unabhängig ist von ihrer Anwesenheit oder Abwesenheit. Die Proben, denen man sich unterzieht, sind keine Stufen wachsenden Entzuges; sie sind eine Weise, die Unabhängigkeit zu messen und zu bestätigen, die man gegenüber alle dem, was nicht unverzichtbar und wesentlich ist, besitzt.« (Foucault 2015, 81)

Die Geistigkeit, die sich auf dem Weg der Sorge um sich einstellen sollte, besteht aus einem »Ensemble von Suchverfahren, Praktiken und Erfahrungen, die Läuterung, Askese, Verzicht, Umwendung des Blicks, Lebensveränderung usw. sein können und die, zwar nicht für die Erkenntnis, aber für das Subjekt, das Sein selbst des Subjekts, den Preis darstellen, den es für den Zugang zur Wahrheit zu zahlen hat« (Foucault 2009, 32). Die durch solche Geistigkeit hervorgerufene »Umwandlung des Subjekts« erzeuge eine Bewegung hin zur Wahrheit, die Foucault als die »Bewegung des eros (der Liebe)« (ebd., 33) bezeichnet. Eine andere wichtige Form der Umwandlung, durch die das Subjekt zur Wahrheit gelange, sei die Arbeit. »Eine Arbeit an sich selbst, ein Herausarbeiten seiner selbst, eine allmähliche Veränderung seiner selbst durch eine zeitlich ausgedehnte Arbeit (labour), für die man selbst verantwortlich ist im Rahmen einer sich lange hinziehenden Arbeit, der Askese (askesis).« (Ebd.) Foucault sieht in »eros« und »askesis« die beiden bedeutenden Formen, »in denen in der abendländischen Geistigkeit die Modalitäten gedacht worden sind, denen gemäß das Subjekt sich zu wandeln hat, um schließlich ein der Wahrheit fähiges Subjekt zu werden« (ebd.).

Die Übersetzung des griechischen Ausdrucks »sophrosýne« für Mäßigung führt zu bildungsrelevanten Überlegungen zur Stärkung der Person. Zum Begriffsfeld der Besonnenheit gehört insbesondere die Selbstbeherrschung gegenüber der Triebnatur (vgl. Platon 1998, Bd. V, 430–432). Im Vergleich zum Tier, das ohne Besonnenheit lebt, besitzt der Mensch die Fähigkeit, sich zwischen Reiz und Reaktion zu besinnen, sein Verhalten zu reflektieren. Angesichts der Maßlosigkeit in Wirtschaft und Gesellschaft wird diese Fähigkeit an Bedeutung gewinnen. Besonnenheit wird in unserer Kultur, in der uns »jeder neue Tag mit einer neuen Welt« konfrontiert und sich »die Menschheit ohne jeden ›Blick zurück‹ von Tag zu Tag vorwärts-, oder richtiger: nur weiterschiebt« (Anders 1986, 297), zu einer zentralen Forderung. Sie ist erforderlich, um die Wahrnehmung, die Verschränkung von Wirken und Merken im Hinblick auf ein rechtes Maß zu schulen.

Goethe brachte in seinen Werken die Forderung nach Besonnenheit deutlich zum Ausdruck. Seine »Wanderjahre« sind von einem

Bildungsideal der Beschränkung, des Maßes und der Harmonie mit der Natur erfüllt (vgl. Faulwasser 1929, 132 ff.). Auf dem Weg zu Besonnenheit und Mäßigung stehen für Goethe das selbstständige Denken und die Beherrschung der Triebe: »Jeder Mensch muss nach seiner Weise denken, denn er findet auf seinem Wege immer ein Wahres, oder eine Art von Wahrem, die ihm durchs Leben hilft; nur darf er sich nicht gehen lassen; er muss sich kontrollieren; der bloße nackte Instinkt geziemt nicht dem Menschen.« (Goethe 1821/1982, 290) Goethe wusste, dass der Weg zur eigenen Wahrheit und zu Besonnenheit letztendlich allein über einen Selbstbildungsprozess führt. Die Natur, so stellt er fest, habe jedem alles gegeben, »was er für Zeit und Dauer nötig hätte; dieses zu entwickeln, ist unsere Pflicht; öfters entwickelt sich's besser von selbst.« (Ebd., 157) Seine persönliche Wahrheit finde der Mensch nur, indem er nach seiner Weise denkt. Auf diesem Weg findet er dann seine Erfüllung, »wenn er sich innerhalb der Grenzen seiner Fähigkeiten und Fertigkeiten bewegt« (ebd., 292). Worauf auf diesem Weg alles ankommt, sei, so war Goethe überzeugt, dass der Mensch nach allen Seiten zu ein Mensch sei und Ehrfurcht entwickele (vgl. ebd., 157 f.). Nur der Mensch, der seine innere Natur beherrscht und sein Ebenmaß erkennt, wird auch Maßstäbe beziehungsweise ein Maß in der Nutzung der äußeren Natur finden. Wenn die Menschen jedoch fortfahren, sich als reine Naturkräfte zu gebärden, verlieren sie alle Maßstäbe und werden ihre Existenzgrundlagen zerstören. Bildungsprozesse, die die Mäßigung des Menschen im Sinn haben, müssen im menschlichen Denken Natur als Maß des Handelns bewahren; denn nur eine ganzheitlich wahrgenommene Natur liefert dem Menschen Anhaltspunkte für das rechte Maß in seiner Lebensführung.

Kapitel 10

Leben nach dem rechten Maß

Der Traum von den unbegrenzten Möglichkeiten ist ausgeträumt.

Carl Friedrich von Weizsäcker

Angesichts der globalen ökologischen Krisen müssen sich unsere Vorstellungen von einem guten Leben und unser Lebensstil wandeln. Dabei steht der technisch-ökonomische Fortschrittsmythos der Industriegesellschaft zur Disposition. Erforderlich sind ein neuer, reflektierter Umgang mit Zeit und Raum sowie die Suche nach einem rechten Maß in Produktion und Konsum. Die Philosophie der Mäßigung erscheint in dieser Situation nicht nur als ein zukunftsfähiges, sondern als ein notwendiges Konzept.

Die Probleme, die Menschen mit dieser Tugend haben, sind genauso alt wie die Philosophie. Immer wieder hat sie Widerspruch erfahren, nicht zuletzt weil sie mit Verzicht und Opfer gleichgesetzt und deshalb abgelehnt wurde. Im Wesentlichen gibt es drei Erklärungsansätze für Maßlosigkeit in unserer Gesellschaft: Erstens war es entwicklungsgeschichtlich für den Menschen über lange Zeit – man denke nur an unsere Vorfahren in der Steinzeit – immer ein (Überlebens-)Vorteil, mehr zu haben als zu wenig. Das hat sich der Menschheit ins Bewusstsein eingeprägt. Zweitens müssen die meisten Menschen in den Industrieländern ständig in entfremdeten Verhältnissen arbeiten, die ihnen ein hohes Maß an Selbstdisziplin abfordern. Ständiges Konsumieren bietet den Menschen einen vermeintlichen Ausgleich für Arbeitsleid und für ungenügende soziale Anerkennung. Drittens schließlich erklärt die (Sozial-)Psychologie die gegenwärtige Maßlosigkeit damit, dass das Leben, das uns Menschen auferlegt ist, zu schwer ist. Es bringt zu viel Schmerz, Enttäuschungen und unlösbare Aufgaben, die nicht bewältigt werden können, und um dieses

Leben ertragen zu können, benötigen wir Linderungsmittel durch Zerstreuung, Konsum oder Rauschmittel (vgl. Freud 1930/2000, 41).

Schon oft wollte man den Begriff »Mäßigung«, weil er im Deutschen als negativ einschränkend verstanden wurde, durch andere Begriffe ersetzen. Man sollte eher Besonnenheit oder Beherrschung, Zucht oder Maß statt Mäßigung verwenden, so lautete die Forderung bekannter Philosophen und Theologen. Josef Pieper stellte fest, der Ausdruck besitze eine fatale Nachbarschaft »mit der Angst vor jeglichem Überschwang«, einen zu sehr »verneinenden Klang«, und die Menschen würden damit zu sehr Einschränkung, Zurückdämmung und Zügelung assoziieren (Pieper 1998, 203). Wolfgang Sachs, der angesichts der ökologischen Krise den neuen Begriff »Suffizienz« einführte, sprach von einer »Staubschicht«, die auf dem Ausdruck »Mäßigung« liege (Sachs 2001, 3). Wenn man die Philosophie der Mäßigung und des rechten Maßes nur im Sinne einer persönlichen Einschränkung von Freiheit begreift, ist es verständlich, dass dieses Konzept in der Vergangenheit nur wenig Zustimmung fand. Niemand lässt sich gerne Vorschriften machen oder sich in seiner Freiheit beschneiden. Aber man sollte bedenken, dass in der Vergangenheit der Mensch sich schon häufig sehr nützlicher Gedanken beraubt hat, nur weil die Wörter, mit welchen sie zum Ausdruck gebracht wurden, zeitweise von anderen Bedeutungen besetzt waren. Oft wurde eine Entwicklung allein dadurch verhindert, dass man sich an älteren Definitionen orientierte, die einer neuen Absicht im Weg standen.

Die Untersuchung der Geschichte der Mäßigungsphilosophie hat gezeigt, dass eine vollkommen unzureichende Rezeption in unserer Zeit zu Fehlinterpretationen und Missverständnissen über diese Tugend geführt haben. Erst eine gründliche Auseinandersetzung mit der Philosophie der Mäßigung erschließt uns, dass die Suche nach dem rechten Maß mit dem Bemühen einer Befreiung des Subjekts verbunden ist. Die negative Auslegung des Ausdrucks »Mäßigung« war das Ergebnis einer philosophiegeschichtlichen Reduktion und vielleicht auch einer zu strengen religiösen Auslegung der Tugend. Mäßigung ist nicht das Gleiche wie Askese. Vielmehr geht es dabei um das Nachdenken und Reflektieren über das eigene Leben und

Handeln. Das altgriechische Wort für »Mäßigung«, »sophrosýne«, wird mit »besonnener Gelassenheit« übersetzt. Die Menschen sollten sich also besinnen, dürfen sich aber nicht überfordern. Zurzeit erleben wir eher das umgekehrte Phänomen: Die Menschen empfinden zunehmend das Arbeitsleben, die vielen Termine, die Beschleunigung der Prozesse, die Werbeflut und die vielen Güter, die sie besitzen, als Belastung und wollen davor fliehen. So mancher fliegt, oder besser: flieht, dann drei- oder viermal im Jahr in ein vermeintliches Urlaubsparadies, andere, die sich das nicht leisten können, suchen Ausgleich im Konsum, und wieder andere werden psychisch krank. Eine Besinnung auf das rechte Maß ist erforderlich, weil wir die globalen ökologischen Grenzen des Wachstums schon lange überschritten haben und die Gefährdungen unserer Lebensgrundlagen zunehmend deutlicher erfahren. Natur und Menschen brennen angesichts der Entwicklungen immer stärker aus. Zunehmend spüren wir, dass uns das Streben nach immer mehr nicht glücklicher macht.

Im Zentrum der antiken Mäßigungsphilosophie standen nicht die Beschränkung, die Beschneidung der Freiheit des Individuums und die Zügelung der Lust, sondern ganz im Gegenteil die Entwicklung und Förderung von Selbsterkenntnis und Selbstbeherrschung, die Freiheit des Menschen im Sinne seiner Unabhängigkeit von den unmittelbaren Verhältnissen sowie die Förderung der wahren Lust. Selbsterkenntnis soll den Menschen« ermöglichen, das rechte Maß in ihrem Leben zu finden und es selbst zu bestimmen, um letztlich und in Vollendung der Person die Herrschaft über sich selbst zu erlangen. Selbstbeherrschung und Mäßigung gehören zusammen wie zwei Seiten derselben Medaille.

Leider ist es bislang im deutschen Sprachraum kaum gelungen, die Staubschicht, die auf dem Konzept der Mäßigung und der darunterliegenden reichhaltigen Philosophie liegt, zu entfernen. In der antiken Philosophie war Mäßigung ein umfassendes gedankliches Konzept, das zum Ziel hatte, die Menschen zu sich selbst zu befreien. Erst dem französischen Philosophen Michel Foucault ist es offensichtlich gelungen, die vielen Facetten der antiken Mäßigungsphilosophie zu rezipieren und sie für einen (post-)modernen Diskurs in eine Theorie der Sorge um sich selbst zu fassen. Die Analyse der antiken, religiösen und neuzeitlichen Überlegungen zu Mäßigung hat das umfassende Bild einer alten Lebensphilosophie geliefert, das Lösungen für die Probleme und Krisen unserer Kultur liefern kann. Zunächst fokussiert das Konzept der Mäßigung auf die grundlegende Frage, was im menschlichen Verhältnis zur eigenen inneren Natur ebenso wie zur Gesamtheit der natürlichen Lebensgrundlage das rechte Maß ist. Wie kann der Mensch der Natur gerecht werden? Wie und inwieweit kann der Mensch überhaupt das Maß der Natur bestimmen? Wie kann es dem Einzelnen und der Menschheit insgesamt gelingen, ein harmonisches Maß zur Natur zu finden? Die Problemstellungen, die in diesen Fragen zum Ausdruck kommen, hatte bereits Goethe im Auge, als er fragte, wie man das Maß beziehungsweise die Formel von etwas bestimmen wolle, das »ewig neue Gestalten schafft« (Goethe 1949, 15). Die Natur spreche zwar unaufhörlich mit uns, sie verrate uns jedoch ihr Geheimnis nicht. Wir wirkten zwar beständig auf sie ein, hätten jedoch letztendlich keine Gewalt über sie (vgl. ebd.). Das rechte Maß zur Natur zu bestimmen ist deshalb eine große Herausforderung für den Menschen und bleibt eine permanente, immer wiederkehrende Aufgabe, die angesichts der enormen Veränderungen in der Natur, die die Menschheit mittels ihrer technischen Möglichkeiten in den vergangenen drei Jahrhunderten hervorgerufen hat, zunehmend komplexer und komplizierter wird. Dabei besteht zwischen der Bestimmung des rechten Maßes jedes Einzelnen und dem rechten Maß im Verhältnis der Industriekultur zur Natur ein enger Zusammenhang.

Platon stellt fest: »Die Mäßigung (sophrosýne) ist eine Art Ordnung und Herrschaft (kósmos kaì enkráteia) über gewisse Vergnügen und Begierden.« (Platon zit. n. Foucault 1986, 85) In einem Wirtschaftssystem wie dem unseren, das dem Wachstum, dem Überfluss und der Verschwendung seine Existenz verdankt, finden Menschen, die sich selbst beherrschen und zugleich mäßigen können, wenig Anerkennung. Der Kapitalismus braucht eher entwurzelte, verängstigte, unzufriedene und potenziell unglückliche Menschen; denn solche Menschen benötigen zur Befriedigung stets neue Erlebnisse und

Konsumgüter, wodurch das Wirtschaftswachstum beschleunigt und der Profit gefördert werden. Menschen hingegen, die ein Bewusstsein von sich selbst besitzen und zur Herrschaft über sich sowie über ihre Bedürfnisse in der Lage sind, erscheinen in diesem System eher suspekt. Dieses System des Immer-mehr jedoch zerstört die natürlichen Lebensgrundlagen. Die Menschheit muss sich mäßigen, will sie eine lebenswerte Zukunft für sich und künftige Generationen erhalten.

Das Hauptproblem unseres maßlosen Umgangs mit Natur besteht in der Absolutsetzung unserer Erkenntnis von Natur und einer dementsprechenden Verfügung über sie. Vor der Epoche der Aufklärung, die um 1700 einsetzte, wurden die Grenzen in der Nutzung und Bearbeitung der Natur mit einem Mythos begründet. So wie man es heute noch bei einigen Naturvölkern beobachten kann, sprachen aus der Natur Zwerge, Nixen, Geister und Götter, deren Rache man bei unbegrenzter Naturnutzung fürchtete. Mit der Aufklärung ging die Natur in bloße Objektivität über (vgl. Horkheimer/Adorno 1975, 12). Der Absolutsetzung des Gegenübers (der Natur), dem Glauben an dessen Unverfügbarkeit, folgte die Absolutsetzung des menschlichen Selbst und seiner Erkenntnis. Aus diesem dogmatischen Glauben des Menschen, mit den Naturwissenschaften das »wahre« Maß der Natur gefunden zu haben, resultierte die Maßlosigkeit der Menschen in der Nutzung der Natur.

Bereits ohne Kenntnis einer ökologischen Krise hatte der Philosoph Friedrich Wilhelm Schelling aus der Analyse der Struktur neuzeitlichen Denkens die Naturkrise vorausgesehen. In seinen »Philosophischen Untersuchungen über das Wesen der menschlichen Freiheit« (1809) hatte er deshalb davor gewarnt, dass die Menschen durch die Absolutsetzung ihres Geistes ihre Lebensgrundlagen zerstören würden; denn aus ihr entstehe im Menschen »der Hunger der Selbstsucht, die in dem Maß, als sie vom Ganzen und von der Einheit sich lossagt, immer dürftiger, armer, aber eben darum begieriger, hungriger, giftiger wird. Es ist im Bösen der sich selbst aufzehrende und immer vernichtende Widerspruch, dass es creatürlich zu werden strebt, eben indem es das Band der Creatürlichkeit vernichtet, und aus Uebermuth alles zu seyn, ins Nichtseyn fällt.« (Schelling 1974,

Bd. I/7, 391) Um dem gefährlichen Übermut zu begegnen, ohne in den mittelalterlichen Mythos zurückzufallen, müsse die Philosophie einen neuen Begriff der Natur konstruieren. Schelling forderte, nach einem »geheimen Band« zu suchen, »das unsern Geist mit der Natur verknüpft« (Schelling 1974, Bd. I/2, 56). Aufgabe einer zukunftsorientierten Philosophie der Mäßigung muss es sein, dieses Band zu rekonstruieren. Der Mensch darf sich in seinem individuellen wie gesellschaftlichen Dasein nicht gegen die Natur stellen. Vielmehr muss er sich als aus der Natur Hervorgegangener begreifen und Verantwortung für den existenziellen Zusammenhang zwischen Natur und Geschichte übernehmen. Um die natürlichen Lebensgrundlagen für sich und künftige Generationen zu erhalten, muss er ein rechtes Maß in seinem Naturverhältnis neu erfinden und sich selbst wie die äußere Natur entsprechend gestalten.

Aber wie gelangt der Mensch zum rechten Maß? Und wie findet die Menschheit das rechte Maß in ihrem Naturverhältnis? Das Individuum müsste eigentlich Mäßigung nicht erlernen; denn jeder Mensch mit einem gesunden Verstand und einer natürlichen Sensibilität trägt in sich ein Gespür für das rechte Maß. Dieses Gespür kann allerdings – kulturell bedingt – abstumpfen und sogar in Süchten krankhaft degenerieren. Bildungsprozesse können dem vorbeugen. Unser Bildungssystem könnte Rahmenbedingungen schaffen, unter denen man die Tugend der Mäßigung erlernen kann. Hierzu gehört die Förderung einer ästhetischen Bildung. In einer überkomplexen, beschleunigten Welt müssen die Menschen kaum etwas dringlicher lernen, als innezuhalten, um das Schöne in der natürlichen und sozialen Mitwelt wahrzunehmen und zu würdigen. Wenn ein Mensch das nicht lernt, ist es kaum verwunderlich, dass die Natur, die soziale Umwelt und sogar er selbst sich ihm in Gegenstände verwandeln, die man gebrauchen und sogar missbrauchen kann.

Mäßigung ist eine alte Lebensweisheit, die dem Selbstverlust des Individuums vorbeugen soll. Dafür erscheint es wichtig, den Menschen die Aufmerksamkeit und die Reflexionskraft zu vermitteln, wann ihr Handeln nicht vom eigentlichen Ziel, sondern vom Streben nach Ablenkung, Ersatzbefriedigung oder von der Dämpfung des Schmerzes bestimmt wird. Die gestärkte Persönlichkeit fragt sich, ob der Konsum lediglich das Leid am Dasein lindern soll und es letztlich doch nur verschleiert, zeitlich verschiebt oder vorübergehend dämpft. Nur selbstbewusste Menschen können das rechte Maß für ihr Leben und die gesellschaftliche Entwicklung bestimmen und sich dafür einsetzen. Es gibt in unserer Gesellschaft schon einen klaren Trend zur Mäßigung. Immer mehr Menschen sehnen sich nach einem einfacheren Leben. Unter jungen Menschen ist in den letzten Jahren eine Bewegung entstanden, die nach neuen Maßstäben für ihr Leben und die Gesellschaft sucht; mittlerweile gibt es eine Vielzahl von Zeitschriften mit so fantasievollen Titeln wie »einfach sein«, »slow« oder »werde«, die den Trend einer Suche nach dem rechten Maß verdeutlichen. Es bleibt die Hoffnung, dass die Menschen erkennen, was Platon im Gorgias-Dialog formulierte: »Die ersten und kostbarsten Güter der Seele besitzt man, wenn die Mäßigung darin wohnt.« (Platon zit. n. Foucault 1986, 85 f.)

Literaturverzeichnis

Adorno, Theodor W. (1955): Prismen: Kulturkritik und Gesellschaft. Frankfurt am Main: Suhrkamp.

Adorno, Theodor W. (1973): Ästhetische Theorie. Frankfurt am Main: Suhrkamp.

Adorno, Theodor W. (GS; 1970–1986): Gesammelte Schriften, hrsg. von Rolf Tiedemann unter Mitwirkung von Gretel Adorno, Susan Buck-Morss und Klaus Schulz, Bd. 1–20, Frankfurt am Main: Suhrkamp.

Anders, Günther (1956/1985): Die Antiquiertheit des Menschen. Band 1: Über die Seele im Zeitalter der zweiten industriellen Revolution. 7. unveränderte Auflage. München: C. H. Beck.

Anders, Günther (1986): Die Antiquiertheit des Menschen. Band 2: Über die Zerstörung des Lebens im Zeitalter der dritten industriellen Revolution. 4. unveränderte Auflage. München: C. H. Beck.

Andersen, Hans Christian (1862/2018): Der Flachs. https://maerchen.com/andersen/der-flachs.php; 27.3.2018

Arendt, Hannah (1996): Vita activa oder vom tätigen Leben. 8. Auflage, München: Piper.

Aristoteles (2006): Nikomachische Ethik. Übersetzt und herausgegeben von Ursula Wolf. Reinbek bei Hamburg: Rowohlt.

Arzneimittelverordnungsreport 2016. www.wido.de/arzneiverordnungs-rep.html; 5.2.2018.

Aurel, Marc (o. J.): Leben nach rechtem Maß – Selbstbetrachtungen des Weisen auf dem römischen Kaiserthron. Bern, München, Wien: Scherz.

Basler, Ernst (1973): Strategien des Fortschritts – Umweltbelastung, Lebensraumverknappung, Zukunftsforschung. Frauenfeld und Stuttgart: Huber.

Bauman, Zygmunt (2000): Liquid Modernity. Cambridge: Polity Press.

Bauman, Zygmunt (2009): Wir Lebenskünstler. Frankfurt am Main: Suhrkamp.

Bayertz, Kurt (2015): Moralisches Handeln und Rationalität. www.uni-muenster.de/imperia/md/content/kfg-normenbegruendung/intern/publikationen/bayertz/72_bayertz_-_moralisches_handeln.pdf; 01.12.2017.

Becker, Ernest (1991): Die Überwindung der Todesfurcht. Dynamik des Todes. München: Goldmann.

Benner, Dietrich/Brüggen, Friedhelm (2011): Geschichte der Pädagogik. Vom Beginn der Neuzeit bis zur Gegenwart. Stuttgart: Reclam.

Benjamin, Walter (1992): Gesammelte Schriften in sieben Bänden, hrsg. von Rolf Tiedemann und Hermann Schweppenhäuser, Frankfurt am Main: Suhrkamp.

Berger, Naomi (2014): Zniut – Religiöse Begriffe aus der Welt des Judentums. www.juedische-allgemeine.de/article/view/id/19939/highlight/M%C3%A4%C3%9 Figung; 3.2.2018.

Berry, Wendell (2000): Leben mit Bodenhaftung. Essays zur landwirtschaftlichen Kultur und Unkultur. Stücken: Degreif.

Bieri, Peter (2013): Wie wollen wir leben? 2. Auflage. 2014. München: Deutscher Taschenbuch Verlag.

Bigalke, Silke (2011): Wenn Besitz zur Last wird. www.sueddeutsche.de/leben/moderne-sammelwut-wenn-besitz-zur-last-wird-1.1089089; 20.02.2018.

Binswanger, Hans Christoph (2012): Besser leben durch weniger Wachstum. www.zeit.de/wirtschaft/2012-06/wachstum-bremsen-binswanger; 30.09.2015.

Binswanger, Hans Christoph (2009): Vorwärts zur Mäßigung. Perspektiven einer nachhaltigen Wirtschaft. 2. Auflage (2010). Hamburg: Murmann.

Brodbeck, Karl-Heinz (2011): Das Glück der Bescheidenheit. www.khbrodbeck.homepage.t-online.de/glueck.pdf; 18.2.2018.

Brodsky, Joseph (1988): Der Staat ist von gestern, die Literatur ist von morgen. In: Die Zeit 17/1988, S. 51.

BUND/Misereor (Hrsg.): Zukunftsfähiges Deutschland – ein Beitrag zu einer global nachhaltigen Entwicklung. 4. überarbeitete und erweiterte Auflage. Basel: Birkhäuser.

Bundespsychotherapeutenkammer (2012): BPtK-Studie zur Arbeitsunfähigkeit – Psychische Erkrankungen und Burnout. www.bptk.de/uploads/media/20120606_AU-Studie-2012.pdf; 16.2.2018.

Dahl, Jürgen (1989): Der unbegreifliche Garten und seine Verwüstung. Über Ökologie und über Ökologie hinaus. Stuttgart: Deutscher Taschenbuch Verlag/Klett-Cotta.

Der Spiegel Wissen 5/2015: Weniger ist mehr.

Diels, Hermann. (1922): Die Fragmente der Vorsokratiker. Griechisch und deutsch von Hermann Diels. 2 Bände. 4. Auflage. Berlin: Weidmannsche Buchhandlung.

Diogenes Laertius (1990): Leben und Meinungen berühmter Philosophen. Übersetzt und erläutert von Ott Apelt. 3. Auflage. Leipzig: Felix Meiner.

Döring, Klaus (1998): Diogenes aus Sinope. In: Flashar, Hellmut (Hrsg.): Grundriss der Geschichte der Philosophie. Die Philosophie der Antike. Band 2/1. Basel: Schwabe. S. 280–281.

Dykhoff (2005): Geistlich leben im Sinne alter Klosterregeln. München: Don Bosco.

Enzensberger, Hans Magnus (1996): Reminiszenzen an den Überfluß. In: Der Spiegel 15/1996, S. 108–118.

Epikur (1991): Von der Überwindung der Furcht. Katechismus, Lehrbriefe, Spruchsammlung, Fragmente. Übersetzt und mit einer Einführung und Erläuterung von Olof Gigon. München: Deutscher Taschenbuch Verlag.

Eppler, Erhard (1972): Von der Quantität zur Qualität. Vortrag auf der 4. internationalen Arbeitstagung der IG Metall in Oberhausen am 11.4.1972. In: Birnbacher, Dieter (Hrsg.) (2011): Glück. Texte und Materialien für den Unterricht. Stuttgart: Reclam junior, S. 55–58.

Erwin, Herbert (2017a): Komponenten einer Handlung. commons.wikimedia.org/w/index.php?curid=12131170; 16.11.2017.

Erwin, Herbert (2017b): Ethische Grundbegriffe in ihrem Zusammenhang. commons.wikimedia.org/w/index.php?curid=23988082; 16.11.2017.

Faulwasser, Arthur (1929): Naturgemäßheit und Kulturgemäßheit. Zwei Grundforderungen der Pädagogik in historischer und grundsätzlicher Betrachtung. Langensalza: Hermann Beyer und Söhne.

Fellsches, Josef (1990): Besonnenheit. In: Sandkühler, Jörg (Hrsg.): Europäische Enzyklopädie zu Philosophie und Wissenschaften, 5 Bände. Hamburg: Meiner, S. 371–373.

Fetscher, Iring (1985): Überlebensbedingungen der Menschheit. Ist der Fortschritt noch zu retten? München/Zürich: Piper.

Focus (2017): Neuzulassungen 2016: Deutsche kaufen mehr Autos – nur fünf Marken verlieren. www.focus.de/auto/news/autoabsatz/neuzulassungen-2016-deutsche-kaufen-mehr-autos-vw-verliert-deutlich_id_6445600.html; 6.1.2017.

Foucault, Michel (1986): Der Gebrauch der Lüste. Sexualität und Wahrheit. Band 2. Frankfurt am Main: Suhrkamp.

Foucault, Michel (2009): Hermeneutik des Subjekts. Vorlesungen am Collège de France. Frankfurt am Main: Suhrkamp.

Foucault, Michel (2015): Die Sorge um sich. Sexualität und Wahrheit . Band 3. 12. Auflage. Frankfurt am Main: Suhrkamp.

Franziskus (2015): Laudato si' – Die Umwelt-Enzyklika des Papstes. Freiburg im Breisgau: Herder.

Freud, Sigmund (1930/2000): Das Unbehagen in der Kultur. 6. unveränderte Auflage. Frankfurt am Main: S. Fischer.

Fromm, Erich (1956): Die Kunst des Liebens. Frankfurt am Main u. a.: Ullstein.

Fromm, Erich (1963): Das Menschenbild bei Marx. Hamburg: Europäische Verlagsanstalt.

Fromm, Erich (1980): Haben oder Sein. Die seelischen Grundlagen einer neuen Gesellschaft. 4. Auflage. München: Deutscher Taschenbuch Verlag.

Fromm, Erich (1981): Die Revolution der Hoffnung. Für eine Humanisierung der Technik. Frankfurt am Main u. a.: Ullstein.

Galbraith, John Kenneth (1958): The Affluent Society. Boston: Houghton Mifflin.

Gehlen, Arnold (1940/2009): Der Mensch. Seine Natur und seine Stellung in der Welt. 15. Auflage. Wiebelsheim: Aula.

Gehlen, Arnold (1986): Anthropologische und sozialpsychologische Untersuchungen. Reinbek bei Hamburg: Rowohlt.

Girschner, Walter (1990): Theorie sozialer Organisationen. Eine Einführung in Funktionen und Perspektiven von Arbeit und Organisation in der gesellschaftlich-ökologischen Krise. Weinheim u. a.: Juventa.

Goethe, Johann Wolfgang von (1949): Schriften über die Natur. Geordnet und ausgewählt von Gunther Ipsen. Stuttgart: Kröner.

Goethe, Johann Wolfgang von (1797/1996): Die schönsten Gedichte von Goethe. Ausgewählt von Franz Sutter. Zürich: Diogenes.

Goethe, Johann Wolfgang von (1821/1982): Wilhelm Meisters Wanderjahre oder Die Entsagenden. Frankfurt am Main: Insel.

Goldberg, Barbara (2015): Wohin mit den Resten? Große Events – viel Essen. Es gibt Alternativen zur Wegwerfkultur. www.juedische-allgemeine.de/article/view/id/23069/highlight/Verschwendung; 3.2.2018.

Gorz, Andrè (1998): Kritik der ökonomischen Vernunft: Sinnfragen am Ende der Arbeitsgesellschaft. 2. Auflage. Hamburg: Rotbuch.

Gronemeyer, Reimer (1998): Die neue Lust an der Askese. Berlin: Rowohlt.

Gruhl, Herbert (1981): Ein Planet wird geplündert. Die Schreckensbilanz unserer Politik. Frankfurt am Main: S. Fischer.

Grunwald, Armin (2012): Ende einer Illusion. Warum ökologisch korrekter Konsum die Umwelt nicht retten kann. München: oekom.

Hackenesch, Christa (1984): »Bin so ausgeworfen aus dem Garten der Natur«. Texte und Bilder zur Geschichte einer Sehnsucht. Reinbek bei Hamburg: Rowohlt.

Hastedt, Heiner (Hrsg.) (2012): Was ist Bildung? Eine Textanthologie. Stuttgart: Reclam.

Haubl, Rolf (2009): Wahres Glück im Waren-Glück? In: Aus Politik und Zeitgeschichte 32–33/2009, S. 3–8.

Haug, Wolfgang Fritz (1995): Dummheit. In: Historisch-kritisches Wörterbuch des Marxismus. Hrsg. von Wolfgang Fritz Haug. Bd. 2. Hamburg: Argument, Sp. 855-874.

Hentig, Hartmut von (1996): Bildung – Ein Essay. München/Wien: Hanser.

Heydorn, Hans-Joachim (1970): Über den Widerspruch von Bildung und Herrschaft. Frankfurt am Main: Europäische Verlagsanstalt.

Horkheimer, Max (1947/1997): Zur Kritik der instrumentellen Vernunft. Frankfurt am Main: S. Fischer.

Horkheimer, Max/Adorno, Theodor W. (1975): Dialektik der Aufklärung. Philosophische Fragmente. Frankfurt am Main: S. Fischer.

Hügli, Anton/Lübcke, Poul (Hrsg.) (2003): Philosophielexikon. 5. Auflage. Reinbek bei Hamburg: Rowohlt.

Humboldt, Wilhelm von (1793/1979): Theorie der Bildung des Menschen. In: ders.: Bildung und Sprache. Besorgt von Clemens Menze. 3. Auflage. Paderborn: Schöningh, S. 24–28.

Husserl, Edmund (1954): Die Krisis der europäischen Wissenschaften und die transzendentale Phänomenologie: Eine Einleitung in die phänomenologische Philosophie. Herausgegeben von Walter Biemel. Haag: Martinus Nijhoff.

Illich, Ivan (1975): Selbstbegrenzung. Eine politische Kritik der Technik. Reinbek bei Hamburg: Rowohlt.

Immler, Hans (1990): Vom Wert der Natur. Zur ökologischen Reform von Wirtschaft und Gesellschaft. 2. Auflage. Opladen: Westdeutscher Verlag.

Jay, Francine (2016): Less is More: Von der Freude des Weglassens. München: Goldmann.

Jonas, Hans (1984a): Das Prinzip Verantwortung. Versuch einer Ethik für die technologische Zivilisation. Frankfurt am Main: Suhrkamp.

Jonas, Hans (1984b): Warum wir heute eine Ethik der Selbstbeschränkung brauchen. In: Ströker, Elisabeth (Hrsg.): Ethik der Wissenschaften? München u. a.: Fink, S. 75–86.

Joplin, Janis (1971): Mercedes Benz (Songtext). www.songtexte.com/songtext/janis-joplin/mercedez-benz-23ea60c7.html; 26.1.2018.

Kant, Immanuel (1770/2004): Vorlesungen zur Moralphilosophie. Herausgegeben von Werner Stark. Berlin/New York: De Gruyter.

Kant, Immanuel (1803/1980): Schriften zur Anthropologie, Geschichtsphilosophie, Politik und Pädagogik. Band 2. Frankfurt am Main: Suhrkamp.

Kant, Immanuel (1995): Werke in sechs Bänden. Herausgegeben von Rolf Toman. Köln: Könemann.

Katechismus der katholische Kirche (1997). www.vatican.va/archive/deu0035/_p6b.htm; 17.2.2018.

Keller, Maren (2015): Was man liebt. In: Der Spiegel Wissen 5/2015, S. 13–18.

Kesting, Marianne (1975): Der Nutzen der Verschwendung. »Das theoretische Werk – Die Aufhebung der Ökonomie«. www.zeit.de/1975/48/der-nutzen-der-verschwendung; 18.2.2018.

Kleiderkreisel (2013): Forumsbeitrag »Wie viele Klamotten habt ihr?« www.kleiderkreisel.de/foren/fashion-and-style/956958-wie-viele-klamotten-habt-ihr-grosse-inventur-d; 18.2.2018.

Koch, Larissa (2017): Wie aus Eimern. Der Juli war der nassteste Monat seit langem. www.t-online.de/leben/familie/id_81766696/sommer-2017-so-viel-regen-gab-es-in-deutschland.html; 18.2.2018.

Kögler, Hans-Herbert (2004): Michel Foucault. 2. Auflage. Stuttgart/Weimar: J. B. Metzler.

Kohlberg, Lawrence (1996): Die Psychologie der Moralentwicklung. Frankfurt am Main: Suhrkamp.

Kohlberg, Lawrence (1997): Die Psychologie der Moralentwicklung. 2. Auflage. Frankfurt am Main: Suhrkamp.

Kreiß, Christian (2014): Geplanter Verschleiß. Wie die Industrie uns zu immer mehr und immer schnellerem Konsum antreibt – und wie wir uns dagegen wehren können. Wien u. a.: Europa Verlag.

Kruse, Uta (1995): Die Dinge des Lebens. www.zeit.de/1995/25/Die_Dinge_des_Lebens/komplettansicht; 18.2.2018.

Latein-Wörterbuch (2015). www.navigium.de/latein-woerterbuch.php?form=temperantia; 18.2.2018.

Lenk, Kurt (1995): Adornos »negative Utopie«. Gesellschaftstheorie und Ästhetik. In: Schweppenhäuser, Gerhard (Hrsg.): Soziologie im Spätkapitalismus. Darmstadt: Wissenschaftliche Buchgesellschaft.

Lessenich, Stephan (2016): Neben uns die Sintflut. Die Externalisierungsgesellschaft und ihr Preis. Berlin: Hanser.

Luther, Martin (1539): Ermahnung zur Nüchternheit und Mäßigung. Predigt über 1. Petr 4,8 ff. am 18. Mai 1539 (Exaudi). jochenteuffel.wordpress.com/2016/10/30/wer-voll-wie-ein-schwein-und-taeglich-ein-trunkenbold-ist-der-wird-weder-zum-beten-noch-zu-anderen-christlichen-dingen-nuetzlich-sein-martin-luthers-ermahnung-zu-nuechternheit-und-maessigung/; 21.1.2018.

Lutherbibel (2017). www.die-bibel.de/bibeln/online-bibeln/lutherbibel-2017/bibeltext/bibel/text/lesen/stelle/66/20001/29999/; 17.2.2018.

Malinar, Angelika (2009): Hinduismus. Göttingen: Vandenhoeck & Ruprecht.

Marten, Rainer (2014): Maßlosigkeit. Zur Notwendigkeit des Unnötigen. Freiburg im Breisgau: Karl Alber.

Marx-Engels-Werke (MEW, 1956 ff.): Werke in 39 Bänden und einem Ergänzungsband in 2 Teilen. Berlin: Dietz.

Marx, Karl (1844/2016): Ökonomisch-philosophische Manuskripte aus dem Jahre 1844. 3. Auflage. o.O.: Holzinger.

Marx, Karl (1867/1977): Das Kapital. Kritik der politischen Ökonomie. 3 Bände. Berlin: Dietz.

Meadows, Dennis L., u. a. (1972): Die Grenzen des Wachstums. Bericht des Club of Rome zur Lage der Menschheit. Stuttgart: Deutsche Verlags-Anstalt.

Meyer-Abich, Klaus Michael (1990): Aufstand für die Natur. Von der Umwelt zur Mitwelt. München: Hanser.

Minkmar, Nils (2015): Viel zu viel Zeug. In: Der Spiegel Wissen 5/2015, S. 82–85.

Naish, John (2008): Genug. Wie Sie der Welt des Überflusses entkommen. Bergisch Gladbach: Bastei Lübbe.

Niedersächsisches Landesamt für Verbraucherschutz und Lebensmittelsicherheit (2017): Tierschutzauflagen für Schweine haltende Betriebe. www.laves.niedersachsen.de/tiere/tierschutz/tierhaltung/tierschutzauflagen-fuer-schweine-haltende-betriebe-73944.html#Allgemeine_Anforderungen_fuer_Schweine_haltende_Betriebe; 24.11.2017.

Nursi, Said (2014): Ramadan – die Weisheit des Fastens. www.islamaufdeutsch.de/gottesdienste-ibadat/fasten-saum/1634-ramadan-die-weisheit-des-fastens-1-4#_ftnref3; 05.02.2017.

Oxfam (2017): 8 Männer besitzen so viel wie die ärmere Hälfte der Weltbevölkerung. www.oxfam.de/ueber-uns/aktuelles/2017-01-16-8-maenner-besitzen-so-viel-aermere-haelfte-weltbevoelkerung; 18.2.2018.

Paech, Nico (2013): Befreiung vom Überfluss. Auf dem Weg in die Postwachstumsökonomie. München: oekom.

Picht, Georg (2001): Das richtige Maß finden. Der Weg des Menschen ins 21. Jahrhundert. Freiburg/Basel/Wien: Herder.

Pieper, Josef (1949): Die Erste der Kardinaltugenden. In: Wolff, Paul (Hrsg.): Christliche Philosophie in Deutschland 1920–1945. Regensburg: Josef Habbel, S. 253–259.

Pieper, Josef (1998): Das Viergespann. Klugheit –Gerechtigkeit – Tapferkeit – Maß. München: Kösel.

Platon (1940): Sämtliche Werke. Berlin: Lambert Schneider.

Platon (1998): Sämtliche Dialoge in 7 Bänden. Herausgegeben von Otto Appelt. 2. durchgesehene Auflage. Leipzig: Meiner.

Rapp, Friedrich (2003): Destruktive Freiheit. Ein Plädoyer gegen die Maßlosigkeit der modernen Welt. Münster: LIT Verlag.

Reimers, Günther (1986): Abnutzen, flicken und wiederverwenden in der Alltagskultur auf dem Lande. Materialien des Landwirtschaftsmuseums Hösseringen Nr. 4. Uelzen: C. Becker.

Rieß, Falk/Schulz, Reinhard (1994): Naturwissenschaftslernen als Textverstehen und Geräteverstehen. In: Misgeld, Wolf, u. a. (Hrsg.): Historisch-genetisches Lernen in den Naturwissenschaften. Weinheim: Deutscher Studien Verlag, S. 185–204.

Rijksmuseum Amsterdam (o. J.): Abbildung Temperantia. www.rijksmuseum.nl/en/collection/RP-P-1884-A-7875; 24.4.2018.

Rohwetter, Marcus (2017): Wie ich als Verbraucher beinahe den Verstand verlor. www.zeit.de/2017/42/konsum-verbraucher-verantwortungsbewusstsein-waren; 20.20.2018.

Rosa, Hartmut (2014): Beschleunigung. Die Veränderung der Zeitstrukturen in der Moderne. 10. Auflage. Frankfurt am Main: Suhrkamp.

Sachs, Wolfgang (1993): Die vier E's. Merkposten für einen maß-vollen Wirtschaftsstil. In: Politische Ökologie 33/1993, S. 69–72.

Sachs, Wolfgang (2001): Maß-voll leben. Wege zu einem anderen Wohlstand. In: Politische Ökologie 69/2001, S. 24–28.

Sartre, Jean-Paul (2002): Der Existentialismus ist ein Humanismus. Und andere philosophische Essays 1943–1948. 2. Auflage. Reinbek bei Hamburg: Rowohlt.

Scheler, Max (1962): Die Stellung des Menschen im Kosmos. Bern/München: Francke.

Scheler, Max (1977): Erkenntnis und Arbeit. Eine Studie über Wert und Grenzen des pragmatischen Motivs in der Erkenntnis der Welt. Frankfurt am Main: Klostermann.

Schelling, Friedrich Wilhelm Josef (seit 1974): Ausgewählte Schriften. (Unveränderter Nachdruck aus F. W. J. von Schellings sämmtliche Werke. Stuttgart und Augsburg: Cotta'sche Verlagsbuchhandlung) Darmstadt: Wissenschaftliche Buchgesellschaft.

Scherhorn, Gerhard (2002): Die Logik der Suffizienz. In: Wuppertal Papers 125/2002, S. 15–24.

Schiller, Friedrich (1838): Sämtliche Werke in zwölf Bänden. Band 12. Stuttgart: Cotta'sche Verlagsbuchhandlung.

Schmid, Wilhelm (2008): Ökologische Lebenskunst. Was jeder Einzelne für das Leben auf dem Planeten tun kann. Frankfurt am Main: Suhrkamp.

Schmidbauer, Wolfgang (2017): Raubbau an der Seele. Psychogramm einer überforderten Gesellschaft. München: oekom.

Schmidt, Alfred (1978): Der Begriff der Natur in der Lehre von Marx. 3. unveränderte Auflage. Frankfurt am Main: Europäische Verlagsanstalt.

Schmidt, Jan C. (2000): Welche Natur wollen wir? In: Scheidewege 30/2000, S. 214–232.

Schmidt-Bleek, Friedrich (1994): Wieviel Umwelt braucht der Mensch? MIPS – das Maß für ökologisches Wirtschaften. Basel/Boston/Berlin: Birkhäuser.

Schmied-Kowarzik, Wolfdietrich (1996): »Von der wirklichen, von der seyenden Natur«: Schellings Ringen um eine Naturphilosophie in Auseinandersetzung mit Kant, Fichte und Hegel. Stuttgart: Frommann-Holzboog.

Schulze, Gerhard (2005): Die Erlebnisgesellschaft. Kultursoziologie der Gegenwart. 2. Auflage. Frankfurt am Main: Campus.

Schumacher, Ernst Friedrich (1977): Die Rückkehr zum menschlichen Maß. Alternativen für Wirtschaft und Technik. Reinbek bei Hamburg: Rowohlt.

Schwab, Gustav (1975): Sagen des klassischen Altertums. Frankfurt am Main: Insel.

Schwartz, Barry (2006): Anleitung zur Unzufriedenheit. Warum weniger glücklicher macht. 3. Auflage 2011. Berlin: Ullstein.

Schweitzer, Albert (2008): Die Ehrfurcht vor dem Leben. Grundtexte aus fünf Jahrzehnten. Herausgegeben von Hans Walter Bähr. 8. Auflage. München: C. H. Beck.

Sedláček, Tomáš (2012): Die Ökonomie von Gut und Böse. München: Hanser.

Seiters, Julius/Walz, Johann B. (1975): Das Werden der modernen Welt durch die wirtschaftliche und gesellschaftliche Revolution. 4. Auflage. Hannover: Schroedel.

Seneca, Lucius Annaeus (1993): Philosophische Schriften, 4 Bände. Übersetzt, mit Einleitungen und Anmerkungen versehen von Otto Apelt. Hamburg: Meiner.

Sivananda, Swami (2008): How to Cultivate Virtues and Eradicate vice. Zitiert nach Yogawiki. wiki.yoga-vidya.de/M%C3 %A4 %C3 %9Figung; 06.02.2017.

Solomon, Sheldon (2016): »Wir sollten uns mehr mit dem Tod auseinandersetzen – das würde uns guttun …«. www.dw.com/de/sheldon-solomon-im-interview-wir-sollten-unsmehr-mit-dem-tod-auseinandersetzen-das-w%C3 %BCrde-uns-guttun/a-19513446; 26.1.2018.

Sombart, Werner (1992): Liebe, Luxus und Kapitalismus. Über die Entstehung der modernen Welt aus dem Geist der Verschwendung. Neuausgabe der 2. Auflage von 1922. Berlin: Wagenbach.

Spaemann, Robert (1973): Natur. In: Krings, Hermann, u.a. (Hrsg.): Handbuch philosophischer Grundbegriffe. Band 4. München: Kösel, S. 956–969.

Stampfl, Nora (2015): Minimalismus – Ballast abwerfen. www.goethe.de/de/kul/mol/20504750.html; 18.2.2018.

Statista 2017a: Weltweites Bruttoinlandsprodukt (BIP) in jeweiligen Preisen von 2007 bis 2017. de.statista.com/statistik/daten/studie/197039/umfrage/veraenderung-desweltweiten-bruttoinlandsprodukts/; 18.11.2017.

Statista 2017b: Höhe der Konsumausgaben privater Haushalte in Deutschland von 1991 bis 2016 (in Milliarden Euro). de.statista.com/statistik/daten/studie/155148/umfrage/private-konsumausgaben-in-deutschland-zeitreihe/; 18.11.2017.

Statista 2017c: Anzahl der unterernährten Menschen weltweit von 1990 bis 2016 (in Millionen). de.statista.com/statistik/daten/studie/38187/umfrage/anzahl-der-hungerndenweltweit/; 24.11.2017.

Sutor, Bernhard (1997): Kleine politische Ethik. Bonn: Bundeszentrale für Politische Bildung.

Treeck, Werner van (2015): Dummheit. Eine unendliche Geschichte. Stuttgart: Reclam.

Treml, Alfred K. (1992): Überlebensethik. Stichworte zur praktischen Vernunft im Horizont der ökologischen Krise. Tübingen/Hamburg: Schoeppe und Schwarzenbart.

Vogel, Thomas (2011): Naturgemäße Berufsbildung – Gesellschaftliche Naturkrise und berufliche Bildung im Kontext Kritischer Theorie. Norderstedt.

Vogel, Thomas (2017): Probleme und Chancen einer Wertorientierung in der beruflichen Bildung. In: Carlsburg, Gerd-Bodo von (Hrsg.): Denk- und Lernkulturen im wissenschaftlichen Diskurs. Frankfurt am Main: Peter Lang.

Volkers, Achim (2008): Wissen und Bildung bei Foucault. Aufklärung zwischen Wissenschaft und ethisch-ästhetischen Bildungsprozessen. Wiesbaden: Springer VS.

Weingarten, Susanne (2015): Wahlverlierer. In: Der Spiegel Wissen 5/2015, S. 26–28.

Weizsäcker, Carl Friedrich von (2001): Vorwort. In: Picht, Georg: Das richtige Maß finden. Der Weg des Menschen ins 21. Jahrhundert. Freiburg/Basel/Wien: Herder, S. 9–13.

Wilber, Ken (1998): Naturwissenschaft und Religion. Die Versöhnung von Weisheit und Wissen. Frankfurt am Main: Krüger.

World Wide Fund for Nature (Hrsg.) (2014): The Living Planet Report (Kurzfassung). www.wwf.de/fileadmin/fm-wwf/Publikationen-PDF/WWF_LPR2014_Kurzfassung. pdf; 20.02.2018.

World Wide Fund for Nature (2016): Living Planet Report (Kurzfassung). http://www. wwf.de/fileadmin/fm-wwf/Publikationen-PDF/WWF-LivingPlanetReport-2016-Kurzfassung.pdf; 20.02.2018.

World Wide Fund for Nature (2017): Bis heute für die Tonne. www.wwf.de/2017/mai/ bis-heute-fuer-die-tonne/; 24.11.2017.

Zeit Online (2013): Forscher erwarten dramatischen Anstieg des Mülls. www.zeit.de/ wissen/umwelt/2013-10/muell-weltweit-prognose; 12.01.2018.

Zeit Online (2017): Millionen Menschen sterben weltweit durch Umweltverschmutzung. www.zeit.de/wissen/umwelt/2017-10/umweltverschmutzung-krankheiten-todesfaelle-studie; 18.11.2017.

Ziegler, Jean (2005): Das Imperium der Schande. Kampf gegen Armut und Unterdrückung, München: C. Bertelsmann.

Zschaber, Markus C. (2017): Welt-Index: Weltweites Wachstum auf dem Vormarsch. www.n-tv.de/wirtschaft/Weltweites-Wachstum-auf-dem-Vormarsch-article19843134. html; 18.2.2018.

Über den Autor

Prof. Dr. Thomas Vogel lehrt Erziehungswissenschaft mit den Schwerpunkten Schul- und Berufspädagogik an der Pädagogischen Hochschule Heidelberg. Bereits seit vielen Jahren beschäftigt er sich mit philosophischen und bildungstheoretischen Fragestellungen im Kontext der gesellschaftlichen Naturkrise. Hierzu hat er zahlreiche Bücher und Aufsätze publiziert und eine Theorie einer naturgemäßen Bildung entwickelt.

© Daniel George

Ohne Mäßigung im Sinne eines rechten Maßes im Verhältnis zur Natur wird es der Menschheit kaum gelingen, ihre Lebensgrundlagen zu erhalten. Mäßigung ist aber nicht allein ein Mittel zum Zweck der Rettung der Welt, sondern seit Jahrtausenden eine philosophische Einsicht auf dem Weg zu Zufriedenheit und Lebensglück.

Für die Selbstversorgung hält der Autor eine kleine Schafherde und baut Gemüse und Obst an. »Die Haltung von Haustieren oder die Erzeugung von eigenen Lebensmitteln ist eine sehr gute Möglichkeit, ein rechtes Maß im Lebensalltag zu finden. Die direkte Auseinandersetzung mit der Natur zeigt einem Grenzen auf und ordnet Zeitabläufe.«

Nachhaltigkeit bei oekom: Wir unternehmen was!

Die Publikationen des oekom verlags ermutigen zu nachhaltigerem Handeln – glaubwürdig und konsequent. Auch als Unternehmen sind wir Vorreiter: Ein umweltbewusster Büroalltag sowie umweltschonende Geschäftsreisen sind für uns ebenso selbstverständlich wie eine nachhaltige Ausstattung und Produktion unserer Publikationen.

Für den Druck unserer Bücher und Zeitschriften verwenden wir fast ausschließlich Recyclingpapiere, überwiegend mit dem Blauen Engel zertifiziert, und drucken, wann immer möglich, mineralölfrei und lösungsmittelreduziert. Unsere Druckereien und Dienstleister wählen wir im Hinblick auf ihr Umweltmanagement und möglichst kurze Transportwege aus. Dadurch liegen unsere CO_2-Emissionen um 25 Prozent unter denen vergleichbar großer Verlage. Unvermeidbare Emissionen kompensieren wir zudem durch Investitionen in ein Gold-Standard-Projekt zum Schutz des Klimas und zur Förderung der Artenvielfalt.

Als Ideengeber beteiligt sich oekom an zahlreichen Projekten, um in der Branche und darüber hinaus einen hohen ökologischen Standard zu verankern. Über unser Nachhaltigkeitsengagement berichten wir ausführlich im Deutschen Nachhaltigkeitskodex (www.deutscher-nachhaltigkeitskodex.de).

Schritt für Schritt folgen wir so den Ideen unserer Publikationen – für eine nachhaltigere Zukunft.

Jacob Radloff
Verleger

Dr. Christoph Hirsch
Leitung Buch

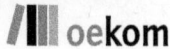